T0243978

Cómo prevenir conflictos
con adolescentes

Cómo prevenir conflictos con adolescentes

Claves para una convivencia feliz

Alejandro Rodrigo

Primera edición en esta colección: enero de 2021
Quinta edición: marzo de 2023

© Alejandro Rodrigo, 2021
© de la presente edición: Plataforma Editorial, 2021

Plataforma Editorial
c/ Muntaner, 269, entlo. 1ª – 08021 Barcelona
Tel.: (+34) 93 494 79 99
www.plataformaeditorial.com
info@plataformaeditorial.com

Depósito legal: B 20158-2020
ISBN: 978-84-18285-61-5
IBIC: VFXC1

Printed in Spain – Impreso en España

Diseño de cubierta y fotocomposición:
Grafime

El papel que se ha utilizado para imprimir este libro proviene
de explotaciones forestales controladas, donde se respetan
los valores ecológicos, sociales y el desarrollo sostenible del bosque.

Impresión:
Podiprint

A mi mujer y a mis hijas.

Índice |

Agradecimientos

Este libro nace gracias al cariño y generosidad de cada uno de los adolescentes y jóvenes, chicas y chicos, que desde hace más de quince años me han permitido trabajar con ellos, en cualquiera de los ámbitos en los que hemos coincidido. Gracias a sus padres, madres, abuelos y familiares. Este libro nace gracias a vosotras y vosotros.

Introducción

«Los hijos no nacen con un manual debajo del brazo».

ANÓNIMO

La adolescencia es una etapa de la vida de nuestros hijos que realmente es apasionante, las emociones están a flor de piel, hay un gran nivel de creatividad, de espontaneidad y, por supuesto, de problemas a los que hacer frente. Los conflictos, como todos sabemos, proporcionan oportunidades de crecimiento y de mejora, tanto para nuestros hijos como para nosotros mismos. La adolescencia es una fase compleja porque nada tiene que ver nuestro pequeño bebé de cinco meses con nuestro gran hombrecillo de trece años. Sin embargo, y esto es una circunstancia que pocas veces nos paramos a pensar, la adolescencia realmente supone un tiempo muy delimitado y breve en la vida de nuestros hijos.

En apenas seis años, por poner un ejemplo, habrá pasado de los trece a los diecinueve años de edad, y generalmente los padres viven con tanta intensidad esos años que normalmente cuando el hijo o hija se hace adulto, y de alguna manera «se calma», parece que a los padres les ha pasado literalmente un tornado por encima. Por eso, las decisiones que como padres se puedan tomar durante ese periodo son muy importantes y en mayor o menor medida serán decisivas para el desarrollo de los hijos y para que verdaderamente se pueda incluso disfrutar de ese periodo tan bonito y excitante que es la adolescencia de nuestros pequeños. Puede parecer exagerado, pero, en el fondo, cuando un hijo se emancipa, los padres echan de menos a ese adolescente que tenía la casa hecha un desastre. El tiempo pasa asombrosamente rápido.

Sin embargo, cuando en una familia existe un hijo adolescente que está presentando problemas de conducta o de actitud, se tiende a justificar con la propia etapa de la adolescencia, lo cual en la mayoría de las ocasiones es correcto, ya que una de las principales características de este periodo es precisamente la dificultad para comprender comportamientos que no se pueden llegar a entender, pero que normalmente son espontáneos y que precisamente son experimentos que el propio adolescente realiza para llegar a construir su personalidad de adulto. Ahora bien, cuando esas conductas o actitudes conllevan violencia o agresividad no pueden ser justificadas en base al periodo de la adolescencia, sino que están alertando de un problema mucho mayor y que debe ser atendido debidamente. Un adolescente no es violento por ser adolescente.

Si en una casa se están viviendo situaciones de manera continuada en la que se evidencian episodios de tensión, de agresividad o de continuo reto a las normas establecidas, la realidad es que los padres atraviesan un periodo de mucho estrés, ansiedad y angustia. Todo esto construye poco a poco un escenario emocional para los padres que prácticamente anula cualquier posibilidad de tomar decisiones con objetividad, y poco a poco esta dinámica empieza a silenciarse y a vivirse en soledad en la mayoría de ocasiones.

Pocas veces los padres comentan o comparten situaciones de gravedad con sus propias amistades o compañeros de trabajo, llegando incluso a silenciarse ante la familia extensa. Es en esos momentos cuando la situación parece que empieza a no tener solución porque, además, poco a poco el resto de ámbitos que rodean al hijo adolescente empiezan a derrumbarse también: el rendimiento académico empieza a empeorar, el comportamiento en el centro de estudios empieza a presentar episodios alarmantes, las amistades ya no suponen la influencia positiva de antes, parece que el ámbito psicológico pudiera presentar algún problema serio y hasta en ocasiones las adicciones entran en escena.

Es en estos precisos momentos, cuando parece que todo ya está perdido, cuando se empieza a intentar buscar soluciones fuera de casa, sin poder dejar de ser conscientes de que existe una cuenta atrás que avanza cada día más deprisa y que nos muestra como aquel niño de once años de edad con el que compartíamos los fines de semana felizmente ahora parece otra persona totalmente distinta. Es ahí cuando se apoderan de nosotros las culpabilidades, las responsabilidades y los reproches. Es entonces cuando la propia definición de paternidad o maternidad empieza a suponer una contradicción y cuando verdaderamente llegar cada día a casa supone más estrés que permanecer en el trabajo. A lo largo de mi trayectoria he comprobado cómo se puede entrar en una dinámica en espiral que se retroalimenta constantemente y que parece no tener fin.

> «Mi hijo no cumple las normas, pero es que tampoco respeta las consecuencias que le ponemos y se salta los castigos. Ya no sabemos qué más podemos hacer».

Justamente en esos momentos es cuando nos acordamos de ese mágico manual debajo del brazo que nos podría guiar por el camino correcto. Sin embargo, sí existen caminos para desbloquear una dinámica así y para reconstruir una relación positiva con un hijo o hija adolescente que está inmerso en estas dinámicas. Para ello, hay unos conceptos básicos de teoría que deben ser entendidos y que nos guiarán por los distintos pasos a recorrer para poder dar luz a una situación de tanta tensión.

A lo largo de mi trayectoria profesional he podido ir conociendo y analizando situaciones de muy diversas tipologías, desde escenarios de máxima gravedad que a veces escapan a la propia imaginación hasta dinámicas familiares aparentemente simples pero que estaban creando una situación de verdadera angustia y tristeza para toda la familia. Al final de todas las intervenciones casi siempre la solución estaba oculta en la propia familia, es decir, en la figura de los padres o del propio hijo o hija adolescente; ellos son los actores principales y quienes realmente tienen la voluntad y necesidad de cambio. Yo, como profesional, he asumido un rol de cierta complejidad que ha estado centrado en poder ir guiando en el camino a recorrer, pero realmente la verdadera respuesta estaba escondida en la propia familia. Desde ahí, desde mi perspectiva de orientar por el camino hasta encontrar la respuesta y el mensaje que el adolescente quiere trasladar, es desde donde he puesto en palabras las distintas vías para resolver conflictos con un hijo adolescente y que acaban conformando este libro.

Esta labor no es una ciencia exacta. Donde una familia necesita transitar un camino, otra familia con una situación similar necesita avanzar por otro itinerario totalmente distinto. Por ello, es imposible diseñar una guía general y única para todas las circunstancias, cada familia necesita un estudio individualizado porque en esta maravillosa tarea no existen recetas generales. Quizás es ahí donde precisamente recae la magia de este ámbito de intervención; creo poder afirmar que todas y cada una de las familias con las que he trabajado en estos últimos quince años me han enseñado algo que antes no sabía.

Con este libro lo que busco fundamentalmente es que usted pueda iniciar un profundo ejercicio de introspección, es decir, que analice su estado emocional y sus características como padre o madre. Seguidamente, que lleve a cabo un continuo debate con toda la teoría y conceptos que planteo y, mejor aún, que reflexione consigo mismo sobre las bases fundamentales de la paternidad y maternidad. Además, espero aportar conceptos con los que aproximarse desde una nueva perspectiva a la hora de buscar soluciones a los conflictos diarios que se den en casa y he decidido aportar respuestas concretas a preguntas comunes de manera clara y concisa, siempre desde una perspectiva filosófica que me ha ayudado a guiar y a acompañar a familias de manera satisfactoria. Finalmente, planteo mecanismos con los que poder abordar situaciones de mayor complejidad, estableciendo además algunos recursos en los que poder buscar ayuda si fuera necesario.

A lo largo de mi vida profesional, en no pocas ocasiones no he conseguido alcanzar los objetivos totales, al menos todos los que programaba con la familia inicialmente, precisamente porque esta labor es extremadamente compleja y existen diversos factores sobre los que no se puede tener el control total. Siempre han existido etapas de progreso y de retroceso en las dinámicas familiares que he acompañado, pero sin ninguna duda, dejando a un lado la teoría, los conceptos, los ejercicios y todas las orientaciones, ha existido siempre una clave fundamental que no varía y que me gustaría que fuera la principal idea que usted recordara al final de este libro, porque siempre ha sido un denominador común presente en todas las familias que han ido creciendo y recuperando la alegría en sus miradas.

La verdadera clave para el buen desarrollo de su hijo o hija va más allá de las normas, límites o consecuencias, el verdadero secreto es que usted sea un referente para sus hijos. El espejo en el que se quieran mirar.

Todo eso es lo que usted podrá encontrar en este libro.

El resto está en su mano.

BLOQUE I.
Conviviendo en casa

«Si existiera algo que quisiéramos cambiar en los chicos, en primer lugar deberíamos examinarlo y observar si no es algo que podría ser mejor cambiar en nosotros mismos».

CARL GUSTAV JUNG

Todo empieza por la convivencia en casa. Todo comienza cuando tomamos la decisión de compartir la vida, de construir una familia. El ser humano es un ser sociable y desde el comienzo de nuestra existencia hemos decidido, como especie, vivir en sociedades. La familia es la unidad básica en la que nos agrupamos y convivimos en primera instancia. Siempre han existido grandes pensadores, como Henry David Thoreau, por ejemplo, que decidieron confinarse en soledad para alcanzar el autodescubrimiento personal. O grandes figuras, como Reinhold Messner, por ejemplo, que exploró los límites físicos y mentales del ser humano en el alpinismo clásico en múltiples ocasiones en solitario. Pero al final, incluso ellos mismos así lo decían, el ser humano siempre regresa y busca la convivencia en sociedad.

Cuando formamos una familia, uno de los anhelos principales es compartir la vida con los hijos, hasta que fruto de la ley natural ellos pasan a formar su propia familia. Durante este periodo, nuestros hijos están en continuo aprendizaje, y este proceso lo realizan en gran parte a través de la imitación. Y, por supuesto, a quienes imitan son a sus figuras de referencia, a sus padres principalmente. La convivencia entre personas genera y propicia grandes alegrías, así como momentos de conflicto. Ser capaz de disfrutar las primeras y entender las segundas como oportunidades de crecimiento será la clave para que tengamos una familia feliz.

En esta primera parte le propongo centrarnos en conceptos concretos con los que usted fácilmente se va a ir viendo reflejado. Todos los ejemplos están extraídos de casos reales vistos en intervención que creo que podrán ayudarle a ir entendiendo de una manera más práctica el contenido propuesto. Empezaré hablando de emociones básicas, porque la inteligencia emocional es uno de los conceptos más importantes para la felicidad de nuestra familia. Le propondré que haga un poco de autoanálisis hasta llegar a unos mínimos conocimientos de autorregulación emocional. Explicaré y analizaremos juntos los estilos educativos. Descifraremos qué son los sistemas normativos, guiándole para que usted pueda decidir qué quiere establecer en su casa. Aportaré seis herramientas básicas y fundamentales para hacer que funcionen esos sistemas normativos. Nos adentraremos en la pregunta estrella de por qué nuestros hijos no cumplen las normas desde una perspectiva del momento evolutivo de su hijo. Le propondré un itinerario para revisar nuestro modelo de actuación de cara al futuro para finalmente incidir en profundidad en la necesidad de que su hijo no se sienta abandonado, ya que este es el mayor riesgo que debemos tener en cuenta.

Comenzar por aquí es sumamente importante, le animo a que le dedique el tiempo suficiente para su comprensión y para que lo pueda traducir a las características de su familia. Sobre todo, requiere liberarse de todos los prejuicios que pueda tener, hasta de usted mismo, y realizar casi una autoevaluación para que pueda sacar sus propias conclusiones. Para llevar a cabo esta compleja tarea, se intercalan actividades para ir realizando ejercicios prácticos. Usted será su propio evaluador, todo depende de usted, cuanto mayor sea su nivel de implicación, mayor será el beneficio que reciba.

1.
Emociones básicas.
¿Cómo se explica lo que siento?

«No olvidemos que las pequeñas emociones son los capitanes de nuestras vidas y las obedecemos sin siquiera darnos cuenta».

VINCENT VAN GOGH

Para poder explicar y analizar lo que se siente hay que empezar por el principio, y esto quiere decir «saber qué son las emociones». Será fundamental saber qué son realmente, porque en nuestra casa hay varias personas que conviven y cada una de ellas es un mundo distinto en el que las emociones juegan un papel fundamental. Más aún, en nuestros hijos e hijas. Además, es asombroso llegar a entender cómo de descontroladas pueden llegar a estar las emociones en la adolescencia. La mezcla de las emociones de todas las personas de casa y las relaciones que se establecen son el pilar fundamental del bienestar de una familia. De aquí nace lo que los profesionales llamamos «dinámica familiar». Es decir, las relaciones que establecemos dentro de casa, la manera de comunicarnos entre nosotros, con las emociones a veces escondidas y otras veces como protagonistas, pero siempre y constantemente dominándolo todo.

Entonces, ¿qué son realmente las emociones? Es complejo llegar a una definición concreta para el concepto «emociones». Toda una carrera universitaria en Psicología sería necesaria para, solamente, llegar a una aproximación de la profundidad del concepto abstracto. Comúnmente está aceptado que las emociones son «reacciones psicofisiológicas ante determinados estímulos», pero esto no deja de ser una definición muy compleja. Además, existen varias tendencias en las teorías de sus orígenes, básicamente agrupadas en tres grupos. Teorías que explican su existencia desde una naturaleza fisiológica, neurológica o cognitiva. En general, y de manera más simple, me gusta referirme a las emociones como «los estados de ánimo que experimentamos las personas ante diferentes situaciones o circunstancias».

¿Cuáles son las emociones en las que me debo centrar a la hora de ayudar a mi hijo?

Las emociones son muchas y diversas: miedo, alegría, ira, asco, tristeza, vergüenza, culpa, sorpresa, ilusión, esperanza... Realmente todas las clasificaciones son muy complejas, pero tenga usted en cuenta que desde Charles Darwin, pasando por los fundamentales Daniel Goleman, Leslie Greenberg o Paul Ekman, grandes científicos y psicólogos han elaborado sus propias hipótesis y clasificaciones. Paul Ekman es una de las principales figuras entre pensadores y psicólogos que ya en 1972 elaboró una lista con aquellas emociones básicas. Es destacable el trabajo que realizó Pixar Animation Studios, basado fundamentalmente en las teorías y clasificaciones de las emociones de Ekman, para dar a luz a esa obra maestra de la cinematografía infantil (y no tan infantil) como fue *Del revés (Inside Out)* de 2015. Del estudio de 1972 de Ekman y del trabajo de Pixar me gusta concretar las que para mí son las emociones básicas fundamentales.

Miedo, ira, tristeza, alegría y asco.

Decimos que una persona está equilibrada emocionalmente cuando sabe diferenciar las cinco, cuando identifica en qué momento está inmerso en cada una de ellas, cuando es consciente de que alguna emoción le está desbordando y cuando tiene la capacidad para regresar a un estado de teórico equilibrio. La inteligencia emocional es esa inteligencia que nos hace más «hábiles» en estas destrezas descritas anteriormente. Por ello, cuando una persona tiene un alto nivel de inteligencia emocional también es capaz de conocerse mejor, de vivir más equilibrado y de afrontar los conflictos de una manera más sana. Como padres y madres, tenemos la responsabilidad de desarrollar nosotros mismos lo máximo posible estas destrezas y la obligación de enseñar a nuestros hijos e hijas a identificar estas emociones básicas.

En todos los años de intervención con familias he podido detectar que gran parte de la violencia y agresividad de los hijos e hijas vienen dadas por un alto nivel de frustración. Cuando una persona está frustrada quiere decir que se siente impotente porque las cosas no están saliendo como ella quiere. Este sentimiento provoca una situación a la que el ser humano se enfrenta continuamente, y si hablamos de niños, adolescentes o jóvenes, la casuística se multiplica. Desde mi experiencia puedo afirmar que no saber controlar esa impotencia es el primer motivador de la agresividad, así que la primera tarea será entrenar a nuestros hijos en ser capaces de tolerar esa frustración, porque así seremos capaces de entender mejor qué emoción estamos experimentando en cada momento. El esquema para comprender por qué su hijo se siente a menudo así pasa por la clave de la «no identificación», es decir, si su hijo no identifica qué emoción está sintiendo en un momento específico, lo normal es que se frustre porque ni él mismo se puede entender.

Emoción → No identificación → Frustración → Violencia

Veámoslo con un ejemplo:

Juan Manuel ha quedado con un amigo, pero el amigo está llegando tarde. Juan Manuel siente una emoción (miedo a que su amigo le deje tirado y no se presente), su cuerpo empieza a emitir señales fisiológicas (empieza a sudar por lo nervioso que se está poniendo). Juan Manuel no es capaz de identificar adecuadamente que lo que realmente le pasa es que no quiere quedar como un tonto esperando a su amigo y que le «deje tirado». Tiene miedo a ser rechazado. No identifica este miedo y, ante las señales de su cuerpo además del tiempo de espera, se empieza a frustrar. Cada vez más. Empieza a tener pensamientos rumiantes y distorsionados de la realidad. Pero de repente su amigo Miguel Ángel aparece y, sin que le dé tiempo a explicarse, Juan Manuel explota y le insulta.

Con un buen nivel de inteligencia emocional, Juan Manuel sería capaz de identificar la emoción del miedo al rechazo, sería capaz de entrenar su tolerancia a la frustración y sería capaz de expresarle a su amigo el miedo que ha sentido cuando este finalmente llegara. Entonces estaría plenamente capacitado para hacerle ver cómo se ha sentido y, de esta manera, autorregularse. Es decir, volver al teórico estado emocional en el que estaba momentos antes de llegar al lugar en el que había quedado con su amigo, que sin duda sería de alegría, ya que iba a pasar un buen rato.

Quizás, y a modo de paréntesis, merezca la pena plasmar una reflexión fuera de la materia: hace años, cuando los teléfonos móviles no existían, Juan Manuel no tenía otra opción que esperar y esperar hasta que el amigo llegara, o podía optar por irse y abandonar el plan. En la actualidad, con la omnipresencia de los teléfonos móviles, se da otro escenario. Lo positivo es que, normalmente, puede contactar con el amigo y ser avisado del retraso para buscar soluciones alternativas. Lo negativo es que, cuando no existe la inmediatez en la respuesta del amigo, se genera un efecto rebote que dispara exponencialmente la frustración.

Una vez entendidos estos conceptos básicos de psicología de las emociones, podremos entender que el primer paso para llevar a cabo una correcta prevención de las conductas desajustadas en nuestros hijos e hijas será una buena «educación emocional». Pero atención, porque si buscamos a un hijo bien equilibrado emocionalmente antes tenemos que encontrar a unos padres bien equilibrados emocionalmente.

Para finalizar, quiero insistir un poco más en el esquema que explicaba las consecuencias de no identificar correctamente una emoción. Merece la pena. ¿Sabe usted por qué es tan importante diferenciar qué emoción se está sintiendo en cada momento? Porque en la mayoría de veces que la tristeza o el miedo hacen acto de presencia y la persona no es capaz de identificarlos, este individuo se bloquea, se frustra y canaliza esa frustración a través de la ira. Curiosamente, esa impotencia no deriva en la alegría, asco u otras emociones. La mayoría de las veces, ante la incapacidad de realizar un adecuado ejercicio de autorregulación emocional, el miedo y la tristeza encuentran su vía de escape en la ira.

Un ejemplo puede ser más clarificador:

David está en la calle fumándose un porro y la policía le pilla. A David le invade el miedo porque no sabe qué va a pasarle, se pone nervioso, se altera, no comprende las señales físicas que le está dando su cuerpo, se bloquea y, en vez de expresarse en clave de «miedo» (lo que sería beneficioso porque cada vez que se expresase y pusiera palabras a sus emociones se estaría autorregulando emocionalmente), se frustra y se apodera de él la ira que acaba dominando sus actos. Ese día David acaba agrediendo a los policías. Lo que en un principio podría ser una sanción administrativa acaba derivando en un delito.

La regulación emocional es tan importante que le propongo tres tipos de ejercicios. Puede que al principio cuando los lea no entienda bien la finalidad de los mismos, pero creo firmemente en ellos. Estos ejercicios son básicos para iniciar un buen entrenamiento de educación emocional. En el futuro agradecerá el esfuerzo del presente.

Actividad reflexiva

Con esta actividad aprenderá a identificar emociones.

1. Coja boli y papel. Anote y desarrolle una situación de hoy mismo en la que haya sentido cada una de las cinco emociones básicas.

   Una pista: casi todos sentimos las cinco emociones prácticamente a diario, busque, porque casi seguro que hoy las ha sentido.

2. Repita el ejercicio con su hijo o hija, esta vez vístase usted con la «bata blanca» de profesional y guíele en el ejercicio. Reflexione al final sobre la capacidad de su hijo o hija de identificar emociones. Es muy importante que preste atención a esta capacidad.

Una pista: su hijo o hija querrá hacer la actividad si se la plantea como un juego divertido, use su imaginación y creatividad.

Actividad analítica

Esta actividad le ayudará a visualizar y focalizar emociones.
Coja boli y papel y, en compañía de su hijo o hija, durante la próxima semana céntrense en tratar de identificar las situaciones en las que ambos han sentido MIEDO o TRISTEZA. Gracias a la actividad anterior ya habrá adivinado que son las más difíciles de identificar.

Actividad proyectiva

Esta actividad le ayudará a extraer sus propias conclusiones y a prevenir.
Ahora no coja boli ni papel, simplemente responda a estas preguntas en silencio y tras haberle dedicado unos minutos a reflexionar cada una de sus respuestas:
• En el futuro, ¿qué es lo que más miedo le podría dar a usted?
• En lo que le queda de vida, ¿qué acontecimiento podría sumirle en la tristeza más profunda?
• En el futuro, ¿qué circunstancia le podría desbordar de ira?
• En lo que le queda de vida, ¿qué es lo que más alegría le podría proporcionar?
• En el presente, ¿qué son aquellas «cosas» que a usted le dan tanto asco que hacen que se aleje de ellas?

Enhorabuena, acaba de realizar una serie de ejercicios fundamentales para su entrenamiento emocional, para su cerebro y, por lo tanto, para su familia. Ah, le recomiendo que disfrute muchísimo con la película de la que hemos hablado anteriormente y, mejor aún, que la disfrute en familia. Mientras tanto, y para cerrar este primer e importantísimo capítulo, aquí le dejo algunas reflexiones a las que merece la pena dedicar un tiempo reposado. No las lea deprisa, lo que busco es que reflexione con cada una de ellas, analizando qué piensa usted.

Los hijos son el reflejo de los padres.

Si nosotros, como padres, no poseemos cierta estabilidad emocional, no podemos pedírsela a nuestros hijos.

Un hijo no aprende lo que los padres dicen,
un hijo aprende lo que sus padres proyectan.

Por lo tanto, una premisa básica es que los padres y madres puedan disfrutar de una adecuada estabilidad emocional en la que sus hijos se vean reflejados. Por eso, la intervención con los padres y con las madres siempre es fundamental porque vienen de un recorrido que muchas veces les ha desgastado psicológica, emocional y hasta físicamente. Poder sumarles a la intervención, apoyarles y poco a poco ir ganando energía a través del amor será determinante.

2.
Estilos educativos. ¿Cómo hemos llegado hasta aquí?

«En carácter, en comportamiento, en estilo, en todas las cosas, la suprema excelencia es la sencillez».

HENRY W. LONGFELLOW

Todo padre, madre, familiar y persona de referencia tiene un estilo educativo determinado independientemente de que se sea consciente de ello. Este estilo no es más que el conjunto total de los rasgos, formas y carácter que tiene nuestro modelo de educación. Nuestro estilo educativo se ha ido construyendo desde el mismo día en que nacimos, refleja la personalidad que realmente somos, por eso mismo será muy importante conocer bien qué estilo educativo presentamos a la hora de educar a nuestros hijos. Intentamos a menudo ser mejores padres, somos poco a poco más conscientes de nuestras debilidades y de nuestras fortalezas y, evidentemente, vamos mejorando y perfeccionando nuestra manera de educar, pero la realidad es que es extremadamente difícil modificar nuestro estilo educativo. Para entenderlo de otro modo, me gusta siempre hablar con los padres del estilo educativo como una etiqueta que no es buena llevarla, pero que efectivamente tenemos y que no hemos elegido. A menudo, los estilos con los que educamos a nuestros hijos son el fiel reflejo de nuestras seguridades e inseguridades. Es importante saber que no hay un estilo marcadamente mejor que otro, lo verdaderamente relevante será saber detectar los «pros» y los «contras» que tiene el estilo de cada uno de nosotros. Antes de que nuestro primer hijo naciera, podíamos divagar sobre cómo creíamos que íbamos a ser como padres, pero la realidad es otra bien distinta a la que toda persona se enfrenta desde el mismo momento en que sujeta a su bebé en brazos. De hecho, cuando llevaba casi diez años dedicado a este ámbito profesionalmente, tenía una imagen construida en mi cabeza de cómo sería yo como padre y en el momento de escribir estas líneas, cinco años después, la realidad es que esa foto no estaba muy alejada de lo que soy hoy en día, pero sinceramente hay una buena suma de matices y de colores que ni por asomo podía imaginar del padre que soy hoy. Me refiero a los miedos y destrezas que he ido descubriéndome.

Los profesionales nos dedicamos a identificar y reflejar el estilo que tiene cada padre y cada madre, intentamos llegar a conocerlo en profundidad y a sacar de él el máximo rendimiento posible. Cuando un profesional se centra en modificar o cambiar el estilo educativo de un determinado padre o madre, lo más probable es que no sea efectivo. Estoy convencido de que es mucho más productivo reforzar los aspectos positivos del estilo de cada padre o madre y disminuir en la medida de lo posible aquellos aspectos menos favorables. Desde este punto de vista es desde donde le propongo que usted sea capaz de identificarse con alguno de los estilos que propongo, en la mayoría de los casos no para que lo cambie radicalmente, sino para potenciar los puntos fuertes y para intentar paliar los aspectos contraproducentes de su posible modo de educar.

Según los diferentes autores, estudios e investigaciones que se quieran atender, se pueden observar y clasificar numerosos estilos educativos, pero nadie tiene la diferenciación óptima y ningún estudio puede autoerigirse como el propietario de la clasificación perfecta. Es importante destacar que cada padre o madre posee un estilo propio e irrepetible, no existen modelos puros, existen sus definiciones y sus tendencias, pero no hay un padre o madre con un porcentaje del cien por cien de un estilo. Cada situación, cada persona y cada hijo e hija van conformando poco a poco el estilo de cada uno. Reforzando la utilidad descrita anteriormente de conocer qué estilo educativo pueda presentar usted, me gusta insistir en que si llega a entender y conocer bien qué tipo de estilo educativo le define, podrá entonces reforzar sus fortalezas y entender las debilidades que tiene su modo de educar para poco a poco poder ir perfeccionándolo y, en definitiva, ser capaz de afrontar mejor cada situación de conflicto con su hijo.

A lo largo de los años de intervención he podido observar muchos estilos educativos, pero finalmente he llegado a la conclusión de que, para mí, los más comunes podrían resumirse en:

- Autoritario
- Protector
- Punitivo
- Sacrificante
- Negligente
- Ausente
- Diplomático

Le propongo que más allá de quedarnos simplemente con la definición o características más comunes de cada estilo educativo analicemos precisamente a lo que hacía referencia anteriormente, debilidades y fortalezas. Es decir, cada estilo educativo tiene unas líneas centrales que lo definen, y leyéndolas estoy seguro de que usted podrá ir viéndose reflejado en algunos de ellos y descartando otros con los que seguro no guarda relación. También habrá otros estilos en los que no las tenga todas consigo, que le hagan dudar, que haya cosas que comparta y otras que no. Bien, es totalmente normal, pero lo importante además de poder identificarse y reflexionar al respecto es poder entender cuáles son las polaridades de cada uno. Es decir, cada estilo educativo de manera equilibrada tiene sus fortalezas y sus debilidades, pero cuando se llevan al extremo es cuando destacan de manera evidente los aspectos positivos y negativos. Le invito a reflexionar sobre cada uno de ellos de manera pausada, porque identificar cada concepto será muy importante de cara a seguir avanzando en los próximos capítulos, así que tómese su tiempo.

En el desarrollo de cada estilo voy a empezar con una breve definición o con las principales ideas que deben estar claras para que usted pueda analizar si el estilo encaja con usted. Seguidamente, habrá un pequeño desarrollo en el que poder profundizar más en las características del estilo; a continuación, veremos las fortalezas y las debilidades que normalmente suelen conllevar el predominio de dicho estilo y que, como ya hemos explicado anteriormente, llevadas al extremo producen efectos no deseados. Para entender bien este concepto antes de iniciar el desarrollo, quizás el ejemplo del estilo protector sea el mejor: el estilo protector tiene sus fortalezas que ya veremos, pero llevadas al extremo se convierte en «sobreprotector», que tantas veces habrá escuchado, y es justamente ahí cuando produce efectos negativos, porque nada tiene que ver ser un «padre protector» con un «padre sobreprotector». Además, en cada estilo intentaré exponer ejemplos con los que se pueda ver identificado o con los que pueda descartar que sea su estilo. Finalmente, veo importante especificar algunas «señales de alarma» que vienen a ser esos indicadores con los que usted se podrá ir identificando y que le irán previniendo de que su estilo está próximo a radicalizarse; son esas señales que nos advierten de la necesidad de frenar y de respirar porque esta próxima su radicalización.

Insisto en la idea de que no hay un solo padre o madre que encaje al cien por cien en un estilo determinado, de la misma manera que no hay dos tortillas de patatas iguales, si me permite la metáfora. Cada padre y madre somos un cocinero único, con una receta única y no hay una fórmula marcadamente mejor que otra; de nuevo, aquí todo depende de la interacción y necesidades de la relación «padre–hijo». Para acabar de entender mejor este concepto suelo poner la siguiente metáfora que siempre genera debate: «De nada sirve que yo haga la mejor tortilla de patatas con chorizo del pueblo si mi hijo es vegano». Parece evidente que en este ejemplo el padre es un excelente cocinero y asumimos que cocinará su tortilla de chorizo con la mejor dedicación del mundo, del mismo modo que asumimos que su hijo es vegano por convicción y no por fastidiar a su padre. Bien, es imposible resolver esta metáfora de manera general porque habría que atender a la casuística de cada caso, pero lo que este ejemplo sí pone de manifiesto es que ni el padre ni el hijo están «actuando mal», simplemente la interacción entre ambos no concuerda. Entender qué estamos haciendo, cómo lo estamos haciendo y, sobre todo, aceptar las necesidades de nuestros hijos es la clave para un desarrollo feliz en la relación con nuestros hijos.

Autoritario

Este es el estilo por el cual el adulto impone su ley.

El padre o madre dicta cuál es la norma y no espera otra cosa sino que se cumpla. Normalmente, cuando este estilo predomina en un adulto es porque está convencido de que lo que él cree es la manera correcta de actuar, esto conlleva un buen número de efectos positivos, ya que no crea ni fomenta dudas en el hijo. Básicamente es como si una persona está en mitad de la jungla y tiene un guía que no duda sobre el camino que debe tomar. En un escenario donde una persona solo ve vegetación y peligros que acechan, la otra tiene absolutamente claro qué ríos tiene que cruzar y qué huellas seguir. Normalmente genera una confianza absoluta, porque no existen dudas al respecto, el padre es como una especie de guía que aporta luz en mitad de la oscuridad, siempre en base a sus conocimientos, a su experiencia y a su intuición. Como ya podrá estar deduciendo, hay muchos matices en este estilo, porque puede ser toda una ayuda para un hijo o convertirse en un auténtico suplicio. Para entender un poco mejor este estilo, un buen ejemplo es la figura del capitán Nemo en la conocida novela de Julio Verne *Veinte mil leguas de viaje submarino*. El capitán guía de manera incesante y sin dudas a lo largo de los océanos de todo el planeta, pero le invito a que relea esta novela para entender mejor los posibles efectos negativos, jamás querría desvelarle el final si usted todavía no ha leído esta genial obra.

La base fundamental para que este estilo sea productivo y el padre o madre se convierta en un guía y un verdadero referente es que pueda ir explicando cada una de sus decisiones. Dependiendo de la edad del hijo, será necesario un mayor nivel de argumentación y explicación o, por el contrario, no será necesario, pero cuando estamos hablando de un adolescente y de un padre autoritario, la argumentación es la clave para una relación y convivencia feliz. Ante una misma situación, con un mismo hijo y con el mismo estilo autoritario, no tendrá los mismos efectos esta argumentación: «No vas a ir a esa fiesta, porque está hasta arriba de drogas y la policía les detuvo a todos el fin de semana pasado cometiendo delitos. Entiendo que no te guste mi decisión y que te enfades, pero de ninguna manera puedo permitir que vayas», que esta otra argumentación: «No vas a ir porque lo digo yo, cuando seas padre ya lo entenderás». Efectivamente, prácticamente no hay diferencia entre ambas y el resultado será el mismo que es no dejar ir al hijo a un sitio donde evidentemente va a estar rodeado no de riesgos, sino de peligros, que es una cosa bien diferente, pero la diferencia en el discurso va a provocar con probabilidad dos reacciones bien distintas. En el primer ejemplo, el padre ha argumentado con solidez su modo de pensar, de manera clara está poniendo por delante el cuidado del hijo que cualquier otra cosa, está razonando el porqué de su decisión y además está validando el enfado que va a provocar en su hijo, es decir, ya le está anticipando que entiende su frustración, pero que aun así debe velar por sus intereses que es justamente lo que un buen padre hace. En el fondo el hijo, a pesar de que no sea capaz de expresarlo porque le domina la frustración por no poder ir a esa fiesta a la que van a ir todos sus amigos, es consciente de que su padre tiene razón y más aún, aunque sea incapaz de ponerlo en palabras, agradece que el padre no le permita ir, en el fondo entiende los argumentos del padre aunque se pase una semana sin querer hablarle. En el segundo ejemplo, el padre se ha mantenido fiel a su estilo, es decir, ha impuesto su ley:

siendo muy consciente de que está obrando adecuadamente, no puede permitir que su hijo se pase la noche rodeado de drogas y de gente que va cometiendo delitos por la vida, no hay negociación posible, pero su hijo no llega a entender todo esto porque al no darle explicaciones, su frustración se ha disparado y es en ese estado cuando empieza una interminable discusión donde el hijo empieza a argumentar cosas inexplicables en el mejor de los casos y, por el contrario, en el peor de los casos es él quien siguiendo el ejemplo de su padre decide imponer su decisión. Se puede producir así un final en el que se lucha por ver quién consigue imponer su ley.

Creo importante insistir en un concepto derivado del ejemplo visto. Cuando un hijo adolescente quiere «luchar» una decisión tan obvia como la vista en este ejemplo y empieza a exponer argumentos incongruentes como que las drogas no son tan malas, que a pesar de que todos estén robando él no va a meterse en líos, que la Tierra es plana… no quiere realmente argumentar esas ideas porque en el fondo sabe que no son como él está diciendo, lo único que quiere es comprobar hasta la extenuación que sus padres le van a cuidar y no le van a abandonar. Por eso, aunque inicialmente parezca contradictorio, lo que a la larga peor llevaría es que su padre autoritario le empezara a dejar hacer todas esas cosas «malas».

Fortalezas: Una de las principales virtudes de este estilo es que no se producen dudas. Un turista en la sabana africana no suele tener dudas cuando el guía le dice que no se baje del todoterreno porque hay leones cerca. El hijo o hija encuentra seguridad en el adulto, lo que genera confianza. Cuando este estilo predomina sin dejar de lado la argumentación de las decisiones y cuando además las normas son bien estudiadas por los padres, se libera de mucha tensión al hijo y se suele producir un desarrollo normalizado, con los conflictos propios de ir midiendo la propia autoafirmación del hijo, que pueden ser resueltos de manera positiva.

Debilidades: Su extremo desemboca en la imposición de las normas sin argumentación alguna y cuando esto se establece de manera continua, se hace uso de una herramienta muy nociva para imponer las normas que no es otra que el miedo. Si esto es así, suele conllevar importantes carencias en el plano emocional, porque produce rechazo a la figura de autoridad dejando de verse como un «referente» para tener la visión de él como de un «secuestrador».

Señales de alarma: Usted debería empezar a preocuparse si se reconoce utilizando muchas veces frases similares a estas: «Porque lo digo yo», «Cuando seas padre ya me lo contarás», «Pero si todavía no sabes nada de la vida»… o cuando toma decisiones sin haberlas meditado. Esto es fundamental y muy difícil de reconocer, pero un padre excesivamente autoritario toma decisiones sin ni siquiera conocer el tema del que se está tratando. Esto último podría entenderse mejor con el siguiente diálogo entre un padre y un hijo, donde el padre toma una decisión sin ni siquiera haberse informado adecuadamente de ella:

—Papá, quiero matricularme el año que viene en una UFIL.

—¿En una qué?

—En una UFIL, papá, ya no quiero seguir en la ESO.

—De ninguna manera te vas a salir del instituto para meterte en una FLIL de esas con tus amigotes, que se te quite esa idea de la cabeza.

—Pero, papá, se dice UFIL, Unidad de Formación e Inserción Laboral.

—Que te he dicho que no.

Protector

La protección del hijo o hija es la prioridad, se tiende a protegerle para que no se exponga a peligros.

La realidad es que es muy complejo definir y explicar adecuadamente este estilo porque la diferencia que separa el hacerlo bien de no hacerlo tan bien es muy pequeña y sutil. Es normal que usted haya escuchado la frase de «no hay que sobreproteger a los hijos», claro, es una verdad muy importante a tener en cuenta, pero la pregunta que rápidamente se le viene a la cabeza puede ser la de «Entendido, pero ¿dónde está la diferencia entre proteger y sobreproteger?». Voy a intentar dar respuesta a esta pregunta insistiendo en que la línea que separa ambos conceptos es muy fina y delicada. A la hora de desarrollar la respuesta, prefiero plantearle una situación para que sea usted mismo el que experimente lo complejo que es trazar una línea definida que separe ambos matices. Si planteo el caso en edades infantiles, parece claro que, por ejemplo, cuando uno está en un parque, puede diferenciar más o menos con claridad a la madre que acompaña a su hijo de la mano por todos los columpios y toboganes de la que se sienta fuera del parque y deja que su hija afronte todos los peligros ella sola. Si de lo que estamos hablando es de niños de, por ejemplo, dos años, bueno, pues a lo mejor el padre que se sienta a medio kilómetro está incurriendo en un poco de desatención y es fácil analizarlo, pero no es tan fácil de diferenciar como se pudiera pensar. Me gustaría dejar claro en este aspecto que es profundamente erróneo etiquetar estilos simplemente con un único vistazo, sí, puede ser que esa madre que no suelta a su hijo de tres años en el columpio le esté trasladando cierto miedo a su hijo, pero es que no sabemos si el pediatra le ha recomendado que puede jugar, pero que no debe volver a caerse por esa fractura ósea que está curándose. Detrás de cada conducta de cada padre hay un mundo de circunstancias específicas que no deben ser juzgadas nunca por un solo vistazo.

Volviendo a la situación que le quiero plantear, responda a la siguiente pregunta según su propio criterio para reflexionar sobre protección o sobreprotección: ¿Cuál es la edad en la que usted cree que debe dejar de acompañar a los hijos al colegio? Difícil, ¿verdad? Bueno, más o menos tenemos claro que durante toda la enseñanza del ciclo de infantil, es decir de los tres a los seis años, no es bueno dejar que el niño salga de casa solo y vaya al colegio, es evidente, de la misma manera que tampoco es muy recomendable que usted acompañe a su hijo todos los días en el transporte público hasta la facultad para que no le pase nada y acuda puntual a sus clases de cuarto año de Arquitectura. Claro, pero descartados estos dos ejemplos extremos, ¿cuál es la edad apropiada? La respuesta está clarísima y es que no hay posibilidad de delimitar o definir cuál es la edad idónea, porque cada caso es un mundo en sí mismo. Es fácil entender que esa edad o momento en el que un padre anima a su hijo a que acuda solo a clase puede cambiar mucho simplemente con la variable geográfica. Es decir, no es lo mismo que un chico de once años vaya caminando solo a su colegio si vive en un pueblo pequeño en el que el colegio está a menos de cincuenta metros, conoce a todos los habitantes del pueblo y además en el que apenas hay tráfico que un chico de once años que resida en una gran ciudad donde tenga que coger dos tipos distintos de transporte público y tarde una hora en llegar a clase. Pero de nuevo aquí he planteado una trampa, porque aun así, en el segundo caso, con dos compañeros de la misma clase que tengan esas mismas condiciones geográficas, uno podría ir solo y el otro podría necesitar ser acompañado por su padre hasta el colegio y ninguno de los dos ser sobreprotectores o todo lo contrario. Donde normalmente los ejemplos nos ayudan a visualizar mucho mejor la teoría, aquí no tiene el mismo efecto; a la hora de explicar a los padres este estilo educativo, siempre tiendo a guardarme los ejemplos porque este es uno de los estilos más complejos de delimitar bien, es complejo analizar si se está llevando a cabo de manera coherente o si los padres se están dejando gobernar por el miedo, y porque la casuística es fundamental, aquí detrás de una misma conducta de los padres pueden esconderse razones y argumentos muy diversos entre sí.

Por ello, suelo dar una respuesta basada en un principio que me gusta que todos los padres tengan en cuenta y en el que casi siempre se pueden ver reflejados o, por el contrario, pueden autodescartarse. El principio está centrado en que no es lo mismo proteger a un hijo de un peligro que privarle de la oportunidad de enfrentarse a riesgos. Soy un firme creyente de que los hijos, y más aún los adolescentes, deben saber exponerse a riesgos para ir aprendiendo a medir sus consecuencias, conocer sus propios límites, reflexionar de los errores de cálculo y progresar cuando los riesgos son superados. De esta manera estaremos enseñando a los hijos a tener respeto por el miedo, a aprender de él y a intentar superar las adversidades; sin embargo, esto no tiene nada que ver con no proteger a los hijos de los peligros. Los adolescentes más que nadie necesitan ir conociendo por sí mismos los riesgos que les rodean, ansían ir midiendo sus propias capacidades, cometer errores para aprender de ellos, pero en el mismo nivel necesitan que les protejan y les alejen de los peligros. En este sentido, y siguiendo mi convicción de no poner ejemplos, siempre recuerdo que la naturaleza pura es el mejor escenario en que el adolescente o preadolescente puede ir aprendiendo a medirse a sí mismo. Sí, me refiero a la montaña, al campo, a los animales, al mar, no encuentro mejor escenario en el que riesgos y peligros vayan tan de la mano y sea tan maravillosa la recompensa que siempre nos devuelve la madre naturaleza.

Fortalezas: El hijo o hija nota el cuidado y el genuino deseo de sus padres de alejarle los peligros y enseñarle a afrontar y superar los riesgos. Se siente seguro.

Debilidades: Se puede desembocar en el «sobreprotector» con su correspondiente disminución de autonomía y la privación de que el hijo o hija desarrolle sus propias habilidades para afrontar los riesgos de la vida. En esta situación, se acaba justamente dando la situación contraria a los deseos iniciales de los padres, es decir, donde los padres querían protegerle bien de las adversidades de la vida por el propio bien del hijo, resulta que se le ha privado de adquirir destrezas para superar esas adversidades y se termina fomentando un hijo dependiente en todo momento de los padres. Tanto padres como hijos sufren altas dosis de frustración continuadas.

Señales de alarma: Usted debería empezar a preocuparse si su hijo o hija no es capaz de diferenciar de manera autónoma riesgos de peligros. Si a menudo su hijo se expone a peligros de manera muy incoherente y si, por el contrario, no es capaz de afrontar riesgos muy pequeños, aquí puede encontrar una pista de que haya mantenido cierta sobreprotección en los últimos tiempos. Recuerde que siempre que hablo de este estilo lo hago de manera muy respetuosa porque el margen de error es gigante. Para especificar un ejemplo real de esta señal de alarma, recuerdo que durante mis años de trabajo ha sido muy llamativo que reiteradamente algunos jóvenes eran capaces de exponerse a situaciones de peligro evidente o de presentar conductas violentas sin temor alguno aparentemente y que luego no eran capaces de dormir solos en su habitación o no eran capaces de desplazarse ellos solos a citas para realizar gestiones importantes. El claro desajuste entre mantener conductas violentas y horas más tarde no ser capaces de dormir ellos solos en su habitación y requerir dormir con su madre en la misma cama podría estar indicándonos que nuestro hijo o hija no es capaz de medir adecuadamente los peligros ni enfrentarse a riesgos. Aquí podría estar lanzándonos una señal de alarma, un mensaje parecido al de «por favor, mamá, enséñame a superar las adversidades o riesgos y aléjame de los peligros». Pero este es solamente un ejemplo puntual, es usted quien debe traducir las conductas y actitudes de su hijo para saber analizar si en su caso concreto su hijo es capaz de enfrentar riesgos y evitar peligros.

Punitivo

Cada incumplimiento de las normas obtiene una respuesta punitiva, es decir, un castigo que no tiene espíritu educativo.

Este estilo es cercano al primer estilo que hemos visto, «el autoritario», por eso me gusta iniciar el desarrollo de este estilo comparándolo con el autoritario y estableciendo una diferencia básica que nos ayudará a su diferenciación: el padre autoritario no necesita hacer uso de la fuerza, sin embargo, el punitivo sí. El padre autoritario impone su autoridad tal y como hemos visto anteriormente, pero rara vez necesita establecer castigos físicos o normativos severos, simplemente él lleva la autoridad en sí mismo y así la proyecta. El estilo punitivo está rodeado de gran cantidad de características negativas que influyen y marcan el desarrollo del hijo. Básicamente, se trata de un padre o madre que plantea unas normas y que al no ser respetadas o al ser confrontadas por el hijo impone castigos de manera constante. En este sentido, los castigos son puras sanciones para el hijo, es decir, no adquieren la relevancia de espíritu educativo y, por lo tanto, el hijo solo acaba interiorizando que cada incumplimiento que haga va a conllevar una sanción. Normalmente, detrás de este estilo se esconde la figura de un adulto que no disfruta de un correcto ajuste emocional, es decir, no identifica adecuadamente sus propias emociones, por lo que es extremadamente complejo que pueda llegar a entender y a ajustar las emociones de sus hijos, y desde ahí es desde donde se ve incapaz de poder argumentar bien sus normas y al quedarse sin razonamientos coherentes impone su supuesta autoridad por medio de la sanción. En su extremo y radicalización es cuando aparecen las sanciones físicas, que no es otra cosa que la máxima evidencia de que el adulto ha sido incapaz de argumentar o de ajustarse a sí mismo emocionalmente, perdiendo el control y poniendo fin al conflicto por medio de la explosión física. La conducta violenta del adulto, porque así debe llamarse, produce dos efectos inmediatos inconscientes tanto para el adulto como para el hijo. En el adulto provoca la liberación de la tensión acumulada, mientras que en el hijo se produce la interiorización de que «si incumplo una norma, me va a doler». Esta circunstancia es eficaz siempre que el hijo es menos fuerte que el adulto, porque cuando la propia naturaleza empieza a dotar al hijo o hija de mayor fuerza física, es cuando realmente hay situaciones de extrema gravedad y cuando los roles se empiezan a invertir. No me extenderé en las argumentaciones que respaldan mi rechazo del castigo físico porque como sociedad parece que afortunadamente ya hemos superado este debate. Prefiero centrarme en las sanciones normativas, es decir, los castigos, con un concepto que siempre me gusta plantear y que me ha ayudado muchas veces a la hora de analizar con los padres este estilo. Cuando un hijo, cuando un adolescente, crece bajo la influencia de un estilo punitivo, la realidad es que no suele transgredir las normas habitualmente, pero la verdadera realidad es que no aprende a diferenciar entre lo que se debe y lo que no se debe hacer, simplemente reacciona en una especie de estrategia que me gusta denominar como la «estrategia del que no me pillen». A continuación suelo plantear la siguiente pregunta o situación: «¿Usted qué prefiere: que su hijo aprenda a conducir evitando los radares y cada vez que supere uno vuelva a acelerar a la velocidad que quiera o que aprenda a circular por todas las vías a la velocidad permitida legalmente?». Sí, puede ser un ejemplo un poco fuera de contexto, pero una de las consecuencias de este estilo, como veremos en el apartado de debilidades, es que los hijos aprenden siempre a «buscar el hueco para saltarse la norma», han aprendido un mecanismo de defensa con el que sobrevivir saltándose las normas para obtener sus propios beneficios y, si esto llega a establecerse de manera general, lo que fomenta es un joven inadaptado al sistema de convivencia en sociedad. Estaríamos hablando de una persona que ha aprendido desde bien pequeño y confirmado durante la adolescencia a actuar «para que no le pillen». Básicamente, continuando con la metáfora, se trataría de una persona que suele circular a 150 km/h y que cuando se acerca a un radar que ya conoce disminuye hasta la velocidad permitida. Lo paradójico de este aprendizaje es que cuando de repente le paran con un radar móvil y «le pillan» no es capaz de dominar su frustración y suele acabar respondiendo con la misma agresividad que ha recibido desde bien pequeño.

Fortalezas: El hijo o hija crece bajo dicho régimen y no suele transgredir límites a corto plazo.

Debilidades: Supone una profunda destrucción de todo el ámbito emocional a largo plazo. Los hijos educados bajo este estilo no aprenden a respetar normas, aprenden a evitar castigos.

Señales de alarma: Hay tres circunstancias claras en este sentido que son señales que evidencian que usted está empezando a abusar de este estilo y, por lo tanto, debe revisarlo. El primero es que en su casa se hable mucho de castigos, es decir, si la palabra castigo es repetida, es una clara señal de la necesidad de cambiar de estrategia. La segunda es que si usted ha tenido que utilizar alguna vez la fuerza para establecer sus normas o para imponer sus castigos, es una señal de que podría ya estar transgrediendo los límites y empezar a perjudicar a su hijo o hija. La tercera es la más compleja de detectar porque requiere un profundo ejercicio de introspección personal centrado en que usted pudiera analizar si disfruta de un adecuado equilibrio emocional o no. Es decir, si usted sabe identificar qué emociones está sintiendo cada vez y, más concretamente aún, si sabe identificar su propia frustración cada vez que su hijo o hija no respeta una norma.

Sacrificante

Este estilo educativo es bastante invisible porque suele esconderse y camuflarse mucho, es difícil detectarlo, pero si se tienen los ojos bien abiertos y los oídos preparados, con un poco de entrenamiento se detecta fácilmente.

La clave está en que el padre o madre realiza acciones costosas por el interés de su hijo o hija, pero en vez de evidenciar que son responsabilidades del propio padre o madre, modifica el discurso haciendo creer al hijo que las hace de manera obligada. Es muy complejo de entender al principio, pero cuando prestamos atención a nuestro propio discurso, podremos empezar a sonrojarnos descubriéndonos con un discurso similar. La buena noticia es que es absolutamente normal y no es muy perjudicial, salvo si el «estilo sacrificante» es la generalidad de nuestro estilo, entonces sí se puede convertir en un problema.

El estilo autoritario y el protector no se esconden, de hecho, se retroalimentan un poquito cada vez que son nombrados. Es fácil que usted haya escuchado en ocasiones a algún padre o madre decir la frase de «Es que mi marido es bastante autoritario, en casa no se mueve ni una mosca» o, por ejemplo, «Nada, tengo que admitirlo, le protejo demasiado». Decir estas frases tiene todo el sentido del mundo porque en el fondo de ambos estilos se puede descifrar fácilmente la supuesta buena intención de los padres, pero hay otros estilos que se tienden a esconder, por ejemplo, el estilo punitivo. Casi nadie va diciendo orgulloso y en voz alta «Pues a mí me encanta castigar a mi hijo». El estilo sacrificante es uno de esos estilos en los que de manera consciente no se alardea, pero que paradójicamente siempre se pone de manifiesto disfrazado. Voy a desarrollarlo para entenderlo mejor, porque será muy importante que usted pueda conocer este estilo ya que llevado al extremo puede producir efectos muy negativos para el desarrollo del adolescente.

El estilo sacrificante se define siendo el modo de educar dominado por poner de manifiesto continuamente los esfuerzos que los padres hacen por aportar felicidad y bienestar a sus hijos. Es decir, se explicitan los sacrificios que los padres deben hacer, de ahí su nombre. Es una evidencia que en el papel de padre, madre o figura referencial para un hijo, y para un adolescente en concreto, se deben asumir muchos sacrificios y esfuerzos que, a menudo, son frustrantes, tediosos y hasta incomprensibles para una persona. Claro, pero si hemos escogido voluntariamente ser padres o madres, lo que sucede es que repentina e inexplicablemente hasta la peor de las tareas resulta que se transforma en una tarea llena de amor, o ¿alguien antes de ser padre se podía imaginar que limpiar un pañal «bien cargado» podría ser hasta placentero? La verdadera cuestión de este estilo es que es una gran trampa para el hijo, y para poder explicar bien este concepto hay que pararse en dos puntos fundamentales que son clave para poder interiorizar bien las posibles consecuencias negativas que conlleva. El primer punto es que un hijo no decide nacer. Así de claro y radical. Su hijo no decidió nacer, nadie le preguntó si deseaba venir a este mundo y mucho menos si quería nacer en ese momento, en esa casa, en ese país… en definitiva, cuando un hijo va creciendo, no es capaz de argumentar un contundente «yo no elegí nacer», sin embargo, cuando entra en la etapa preadolescente o adolescente ya sí empieza a manifestar esta idea y es cuando se originan conflictos de compleja solución. El segundo aspecto importante a tener en cuenta es que no podemos elegir cómo va a ser nuestro hijo, no sabemos hasta qué niveles vamos a ser requeridos en nuestras labores y tareas de paternidad y maternidad, pero desde el momento en que decidimos que queremos formar una familia y que vamos a traer al mundo a un hijo, empieza a ser nuestra responsabilidad cada una de las acciones y maneras de educar que adoptemos.

Este estilo casi siempre nace a raíz de la incapacidad de los padres y madres de asumir la complejidad de educar a un hijo. En este sentido, es importante recalcar que la tarea de educar es asombrosamente compleja, sobre todo si se decide ser consciente de la enorme relevancia que tendrá nuestra influencia sobre el futuro de nuestro hijo. En mis años de experiencia, he podido comprobar cómo este estilo es muy difícil de aceptar cuando se está incurriendo en él, pero con un poco de orientación y ayuda es fácil reconducirlo, por lo tanto, y a pesar de las graves consecuencias para el hijo si es mantenido en el tiempo, es relativamente fácil darle la vuelta y asumir un estilo más positivo.

Si todavía no ha quedado suficientemente claro o si pudieran existir dudas para identificarlo, cuando explico este estilo suelo poner el siguiente ejemplo que muchas veces he escuchado y que básicamente se resume en el siguiente diálogo entre un adolescente y una madre:

—De verdad, mamá, que estoy harto, que no voy a ir a más psicólogos.

—Hijo mío, no puedo más, con la cantidad de psicólogos caros a los que te he llevado y mira cómo te comportas todavía.

Este ejemplo no quiere decir que esa madre esté adoptando un estilo educativo sacrificante al completo, este ejemplo más bien hace referencia a un momento concreto en el que una madre «ya no puede más» con las respuestas, actitudes y conductas de su hijo. Básicamente es un momento específico en el que todo padre y madre diría exactamente lo mismo, hasta la madre más autoritaria de todas. Lo verdaderamente llamativo de este diálogo entre esta madre y su hijo es si la madre presenta un discurso en el que la tónica general sea esa, es decir, en el que constantemente esté lanzando el mismo mensaje de los sacrificios que ella como madre está haciendo por su hijo. Quizás le pueda ayudar a identificarlo en usted mismo o en otros padres cuando escuche frases como «Pero si te llevo a un colegio buenísimo», «Me he tenido que perder mi partido de pádel para traerte a tu entrenamiento, así que no me respondas mal», «Mira, hijo, me paso el día entero trabajando para pagarte la ropa esa de marca», «Aquí el que se porta mal eres tú, por eso te pagamos el mejor psicólogo y no nos importa el dinero que nos cueste», «Que yo sepa somos nosotros los que pagamos las facturas de la casa».

Fortalezas: Pocos aspectos positivos, quizás podría destacar dos que no son cuestión baladí, el primero de ellos centrado en que se trata de un estilo que puede ser reconducido o mejorado con orientación y compromiso de los padres de manera efectiva y rápida. El segundo de ellos, que efectivamente el hijo o hija puede verse beneficiado por esos «sacrificios» de los adultos.

Debilidades: Las acciones de los adultos no son genuinas, no están basadas en el amor altruista, vienen a dar respuesta a alguna necesidad no cubierta en ellos mismos. El hijo o hija puede desarrollar un sentimiento de deuda con su padre o madre de manera permanente.

Señales de alarma: Como se ha podido comprobar, este estilo suele ser muy invisible y en la mayoría de los casos no es la tónica general en el estilo educativo de los padres, sino que más bien se puede observar en momentos puntuales de cierta desesperación, que evidentemente no definen el estilo educativo de unos padres. Sin embargo, si en su casa usted escucha continuadamente la frase «Pues no haberme tenido» o frases similares del tipo «Que yo no decidí nacer» o mucho más elaboradas del tipo «Yo no te he pedido que te pierdas tu partidito de pádel, si no me quieres llevar, pues no me lleves», es una buena señal para que se pare a reflexionar. Como se ha podido observar, este estilo es muy sutil y pocas veces define la manera general de educar de un padre o madre, pero debe prestar mucha atención a estas señales de alarma, porque cuando estamos inmersos en una dinámica frustrante de discusiones con un hijo adolescente, a veces podemos decir frases o presentar actitudes «sacrificantes» que podrán influir decisivamente en la relación con nuestro hijo.

Negligente

De manera consciente o inconsciente el padre o madre toma decisiones y mantiene comportamientos perjudiciales para el desarrollo de su hijo o hija.

El término negligencia hace referencia a fallos, errores o a la falta de cuidado de manera general. Cuando se trata de un estilo educativo, más en concreto en el ámbito de la paternidad y maternidad, se trata específicamente del modo de educar en el que precisamente se toman decisiones que provocan lo contrario de lo que se supone que la acción educativa busca. Es decir, las acciones de los padres conllevan consecuencias graves o muy graves para sus hijos. Un ejemplo evidente, angustioso y feo es cuando un padre consume drogas delante o en compañía de su hijo. Aquí da exactamente igual la edad del hijo; a pesar de que el hijo sea un adulto, cuando un padre o madre está consumiendo drogas en su compañía es un claro ejemplo de un estilo educativo negligente. A lo largo de mis años de experiencia, desgraciadamente he podido atender casos en los que la negligencia ha ido más allá aún, pero no es necesario pararnos en esos ejemplos tan extremos porque la estadística de esos casos tan profundamente graves es muy baja en comparación con la totalidad de la población y porque ya considero suficientemente serio el que he expuesto del consumo de drogas en compañía del hijo para tener una idea general. Sin embargo, es necesario saber y tener siempre presente que hasta el mejor de los padres y hasta la mejor de las madres puede incurrir puntualmente en conductas negligentes. En el anterior estilo, el sacrificante, se daba una circunstancia más o menos similar y es que una acción sacrificante no define el estilo de un padre; aquí, de la misma manera, una conducta negligente puntual no define el estilo de un padre. Aun así, hay que subrayar que en esta circunstancia una sola conducta negligente sí puede influir decisivamente en el desarrollo de un hijo. Por eso, es importante mantener bien delimitadas ciertas líneas rojas que no deben ser traspasadas. Las conductas negligentes siempre esconden a un adulto que sufre deterioros importantes en su personalidad o en su conducta y que a menudo tiende a justificar sus acciones, sin asumir verdaderamente su responsabilidad. Es consciente de que están mal, pero no asume su responsabilidad. Recordando el ejemplo anterior, ese padre tendría un discurso cercano a «Ya, ya sé que no está bien, pero, hombre, que tiene dieciocho años y que todo el mundo se fuma algún porro que otro, pues mejor que lo haga con su padre, ¿no?».

A pesar de ser tan evidente este ejemplo, normalmente pasa inadvertido para los padres porque no se ven reflejados en él, pero resulta muy importante tenerlo presente porque en ocasiones el hijo tiende a idealizar al padre o madre que adopta este estilo, posicionándoles en el papel de héroes. En este sentido, es complejísimo, por ejemplo, explicar e incidir educativamente en un adolescente que se debe respetar la autoridad cuando su padre no respeta a los agentes policiales. Como decía antes, al pasar inadvertido, este estilo se tiende a olvidar, por lo que me gusta plantear una cuestión desde luego no tan grave como las anteriores, pero que puede ayudar a reflexionar sobre las acciones negligentes que podamos cometer en el día a día. Imaginemos que usted está conduciendo con su hijo en el coche cuando se da cuenta de que no ha comprado las verduras que necesita para preparar la comida, así que para a comprarlas en una tienda. ¿Qué edad debe tener su hijo para que pueda dejarlo tranquilamente en el coche mientras usted sale a comprar verduras? Si su hijo tiene dos días de vida y están saliendo del hospital, está incurriendo en una grave negligencia; si su hijo tiene veintiocho años y a usted le da miedo dejarle solo en el coche, revise la posibilidad del estilo sobreprotector. Pero dejando a un lado estos ejemplos extremos, ¿cuál es la edad acertada?, ¿dónde está la línea que separa la negligencia de la coherencia? Es muy difícil. Lo que es más fácil tener claro es que cualquier conducta o actitud que mantengamos como padres o madres y que causen daño a nuestros hijos son compatibles con un estilo negligente. Siempre hay que alejarse o evitar estas conductas.

Fortalezas: Prácticamente no existen aspectos positivos, salvo que en ocasiones el hijo o hija se vincula afectivamente con los adultos y desarrolla cierta «compasión» por ellos, sobre todo cuando acaba entendiendo que su padre o madre no era un héroe, sino que intentaba educar lo mejor que sabía dentro de sus profundas carencias que como padre o madre presentaba.

Debilidades: Prácticamente todas, una de ellas y la más relevante es que el hijo o hija sufre daños directos o secundarios por las conductas y actitudes de los adultos.

Señales de alarma: Cuando se cometen negligencias, en primera instancia, es muy complejo darse cuenta de ellas porque antes de ser cometidas no pensábamos que eran negligentes, si no, no las llevaríamos a cabo. De la misma manera, suele ser complejo asumir las responsabilidades de las mismas, intentando al principio buscar argumentos que le hagan sentirse menos culpable. Por ello, es muy difícil prevenir y observar señales de alarma de manera individual; en este estilo es fundamental la interacción social para detectar las señales de alarma. Me refiero a que los mensajes que le lleguen de otros padres o de sus seres queridos serán las mejores señales para identificar conductas desajustadas o decisiones que pudieran ser negligentes. Todos, como padres, madres o referentes, caemos en decisiones desafortunadas, pero cuando tropezamos siempre con la misma piedra y cuando nuestro alrededor no deja de mandarnos mensajes en el mismo sentido es sinónimo de señal de alarma. Es muy difícil detectarlas, porque a menudo sale a relucir nuestro mecanismo de defensa protagonista que no es otro que traducir esa señal de alarma de una segunda persona por un «ataque a nuestra manera de educar». Si usted se sorprende a sí mismo en una discusión sobre un criterio educativo repitiéndose la frase «Ya sabré yo lo que es mejor para mi hija», es que usted se está lanzando a sí mismo una buena señal de alarma. No deje de escucharse a sí mismo.

Ausente

El padre o madre «no está».

La definición que he utilizado es la mejor que puedo encontrar, la más directa y la más clara. El padre o madre que no está no quiere decir que no se encuentre físicamente en el domicilio, más bien se refiere a que no está presente aunque su cuerpo sí lo esté. En ocasiones, este estilo suele confundirse ya que puede ser atribuido a padres o madres que no conviven en la casa, y me gusta siempre incidir en que no tiene nada que ver este hecho. Es una realidad que cuando dos padres viven separados existen dificultades que deben ser atendidas, pero a lo largo de mis años de experiencia me ha sorprendido la cantidad de parejas separadas que ejercían sobresalientemente sus roles, adoptando adecuadamente sus responsabilidades y en las que sin duda el hijo era bien consciente de la presencia de su padre y su madre. De la misma manera, que un padre que conviva en la casa, pero que se pase trabajando dieciséis horas al día no quiere decir que sea un padre ausente, es importante recalcar que igualmente he visto múltiples ejemplos de padres y madres que sus responsabilidades laborales les obligaban a permanecer largos periodos cada día fuera de casa y que, sin embargo, estaban mucho más presentes de lo que cabría esperar. Por otro lado, también he visto ejemplos de padres que debían trabajar en el extranjero durante cierto tiempo del año y que aun así mantenían su presencia. Efectivamente, las nuevas herramientas de comunicación y el progreso de la tecnología suponen un valor incalculable en estos casos. Pero no me estoy refiriendo a la cantidad de minutos que un padre pueda hablar con su hijo adolescente, me refiero a un concepto más complejo de explicar y que requiere cierta sensibilidad a la hora de ser analizado. Todo se resume en que el hijo sea consciente de que «merece la pena estar junto a él». Esta es la clave y es precisamente lo contrario de lo que siente un adolescente cuando uno de los padres mantiene un estilo ausente, es decir, cuando un hijo o hija está convencido de que su padre o madre prefiere otras mil cosas y personas antes que estar con él o con ella. Esta sensación, absolutamente legítima aunque a veces nos quedemos alucinados con la realidad que nosotros observamos como padres, provoca un sentimiento que puede causar heridas muy profundas. De hecho, es el peor escenario con el que se puede encontrar una familia, cuando un hijo o hija se siente abandonado por sus padres.

Con estas primeras líneas quiero subrayar la importancia de este estilo educativo, porque cuando analizo los estilos educativos de los padres y cómo afectan al desarrollo de su hijo en concreto, cuando intentamos restablecer las vías de comunicación entre un adolescente y sus adultos de referencia, suele ser complejo si el estilo educativo del padre o madre, sea cual sea, está un poco polarizado, aunque suele tener una solución más o menos factible, por ejemplo, un padre excesivamente autoritario o una madre excesivamente sobreprotectora, pero cuando se trata de un estilo marcadamente ausente, la recomposición de la unidad familiar suele ser ardua y verdaderamente compleja. Lo veremos más adelante en capítulos posteriores, pero tenga en cuenta esta idea: lo verdaderamente traumático para un hijo es no sentirse querido por su padre o por su madre o por el adulto que esté ejerciendo ese rol. El adolescente realmente no le tiene miedo ni siquiera a la muerte, lo que realmente le atormenta es la posibilidad de ser rechazado por sus iguales y más primitivamente no sentirse importante de cara a sus padres. No se trata del número de horas que pase un padre con su hijo, se trata de si realmente a ese padre le apetece estar con su hijo. Todo adolescente capta esta sutil diferencia con asombroso acierto.

Este estilo es profundamente complicado de detectar, porque en ocasiones se observa una dinámica familiar similar, pero con resultados muy distintos. Por ejemplo, dos familias con características semejantes en la que los padres están dedicados durante toda la semana a sus trabajos de jornada completa, a las intendencias de la casa, a las responsabilidades de los colegios y estudios de los hijos, a lidiar con las sorpresas de la vida, a disfrutar de su propio tiempo libre. En donde una familia en concreto se desenvuelve en una armonía saludable y en donde los hijos sienten la profunda dedicación de sus padres a sus tareas y a ellos como hijos, puede existir una segunda familia en las mismas circunstancias, en la que pasan los años sin ni siquiera haberse dado cuenta de que el hijo de doce años resulta que ahora tiene dieciséis sin recordar la última vez que se dedicaron un día completo para ellos dos, padre e hijo, y de repente parece que son dos extraños. Pero quiero insistir en que la clave no se basa en los minutos que se pueden dedicar dos personas, en este caso, un padre y su hijo, se trata de los sentimientos genuinos, porque son precisamente esos sentimientos más primitivos los que decididamente proyectamos y los que nuestros hijos con una inteligencia asombrosa saben leer.

No obstante, si usted ahora mismo está leyendo estas líneas, ya podría constituir un buen indicador de que está alejado de este estilo, y es que una figura ausente no es simplemente la que no se encuentra presente en el domicilio como ya hemos visto anteriormente, sino más bien a la que no le interesa nada de nada la paternidad o maternidad y, por lo tanto, a la que no le afecta la existencia de su hijo.

Fortalezas: Prácticamente no existen aspectos positivos, salvo que explícitamente el hijo o hija no sufre agresiones directas o físicas como puede darse en otros estilos.

Debilidades: La indiferencia y la falta de amor causan graves dificultades emocionales en el hijo o hija a corto, medio y largo plazo. Este estilo llevado al extremo puede causar heridas marcadamente irreparables para la vida adulta de cualquier persona.

Señales de alarma: Sería relativamente fácil establecer una pequeña guía de ejemplos con los que podríamos establecer señales de aviso o de alarma para estar atentos, como podría ser el contar los minutos dedicados a la semana a nuestros hijos, ese tiempo llamado «de calidad», pero verdaderamente creo poco útil este ejercicio, porque me parece que usted ya lo debe haber hecho. Así que le propongo que se responda con sinceridad y total confianza (la que usted tenga en sí mismo) a las siguientes preguntas y será precisamente usted quien pueda darse la voz de alarma o descartarse.

¿Quiso usted ser padre o madre?
¿Fue una decisión libre?
¿Le gusta el padre que es usted?
¿Le gusta cómo es su hijo?

Fíjese en que en la última pregunta no le planteo si quiere a su hijo, la pregunta de si a usted le gustan las características personales y físicas de su hijo suele provocar una concatenación de reflexiones que le pueden llevar a descubrir señales de alarma.

Diplomático

El adulto va contrastando con el hijo o hija las decisiones que va tomando, tiene en cuenta la opinión de ellos así como su estado emocional.

Finalizo el desarrollo de los estilos educativos que más he observado a lo largo de los años con este en particular que es quizás el menos dado. En principio, es un estilo con aspectos muy positivos y es, quizás, el más cercano al ideal que como padres o madres quisiéramos llegar a ser.

Es un estilo o modo de actuar en el que por norma general las decisiones y las normas se van contrastando y compartiendo con los hijos, para así poder llegar a alcanzar cierto consenso e ir educando en el ideal de persona que quisiéramos que nuestros hijos llegasen a ser. De manera teórica es muy claro y la realidad es que disfruta de muy pocos argumentos en su contra, por varias razones de peso. La primera, porque si se mantiene el ejercicio de ir contrastando las opiniones, decisiones y normas con los hijos ya de entrada podríamos empezar a descartar su coincidencia con el estilo ausente y, por lo tanto, descartamos una de las más complejas consecuencias negativas. Es decir, un hijo adolescente de un padre con estilo diplomático desde luego tiene la atención de su padre y es consciente de que su existencia es tenida en cuenta por su padre, solamente con ello ya se está aportando una importante dosis de riqueza para el adulto que llegará a ser el hijo. En segundo lugar, porque el hijo llega a entender las razones de las decisiones o normas establecidas por el adulto, independientemente de que sean de su agrado o no. En tercer lugar, porque desde bien joven está aprendiendo a negociar y por lo tanto a ceder en sus ideas o deseos, de nuevo, solamente con este tercer punto ya le está aportando un valor incalculable para su futuro. El ideal de este estilo es ser capaz de hacer que el hijo se sienta partícipe en la toma de decisiones, pero teniendo el adulto siempre presente cuáles son los límites que no se van a superar. El ejemplo más claro aquí es el archiconocido ejemplo que existe en la mayoría de las casas en los que se negocia el horario y uso de las pantallas de dispositivos tecnológicos. Una negociación, alcanzando un consenso por ambas partes, con la autoridad de los padres siempre presente sería la receta ideal. Este estilo empieza suponiendo un ejercicio continuado de escucha y negociación de las normas para poco a poco ir modificándose el rol de los padres en unas figuras de acompañamiento y de refuerzo de las decisiones que el propio hijo va tomando. En la mayoría de los casos, supone un refuerzo exponencial en las relaciones familiares.

En las casas en las que este tipo de estilos predominan, se dan diálogos parecidos al siguiente ejemplo:

—Mamá, mira, el viernes que viene es el cumpleaños de África y va a celebrarlo con una fiesta grande en su casa, así que quiero llegar ese día más tarde de lo habitual, por favor.

—Ah, vale, pero ya sabes que quiero que tengas cuidado y que me vayas avisando, ¿vale?

—Sí, ya lo sé, como siempre hago, solamente será ese viernes, ya sabes lo importante que es.

—Vale, cariño, disfruta, pero, por favor, cuídate.

Posiblemente le parezca un ejemplo muy alejado de la realidad, pero si lo propongo es porque precisamente está basado en mi experiencia y cambiando los nombres son ejemplos siempre reales. Este es un caso claro y concreto de una familia que ya lleva mucho tiempo invertido en el ejercicio de negociaciones, donde el estilo de la madre es marcadamente diplomático sin perder su autoridad y referencia, y en donde tras mucho tiempo de aciertos y errores han sido capaces de llegar a conocerse realmente, lo que se traduce en que con poca negociación se llegue a un acuerdo. Quizás pueda parecer así, sacado fuera de contexto, que la madre ha sido marcadamente permisiva, pero detrás de esta conversación se esconden matices que creo importante destacar. La hija ha trazado una estrategia bien meditada en su exposición fruto de la experiencia y del aprendizaje, desde luego no es la primera vez que han tenido estas situaciones con las que ha podido «preparar el terreno». ¿Cómo lo ha hecho? En primer lugar, si lo analizamos bien, podremos observar que ha planteado la petición con bastante antelación, la suficiente para poder alargar la negociación si hubiera hecho falta. La segunda, ha sabido pedir esta concesión en base a que es el cumpleaños de África, suponemos que la madre conoce bien a esa amiga y, por lo tanto, le aporta confianza. En tercer lugar, si lo observa detenidamente, ya le ha evidenciado a su madre que va a ser en la casa de su amiga, por lo tanto, se reducen los posibles riesgos que la madre pudiera detectar si desconoce dónde es la fiesta. Posteriormente, se ha comprometido a mantenerla informada, pero sin ninguna duda ya en el pasado parece haber mantenido esa dinámica de informar a la madre y, por lo tanto, no tiene que «pelearla» ahora. Por último, de alguna manera ha dejado entrever que se trata de un día puntual. Este es un ejemplo en el que se puede observar claramente cómo la madre ya está pasando poco a poco, con el paso del tiempo, de su rol de establecer y medir las normas con su hija a ese otro rol de acompañar a su hija en sus decisiones, siempre sin perder de vista la supervisión. Este es un ejemplo en el que se puede observar que hay una gran cantidad de tiempo invertido en esta familia en conocerse y en confiar los unos en los otros; sin duda, seguirán teniendo conflictos de compleja resolución, pero parece claro que poco a poco irán descubriendo las respuestas más ajustadas a sus circunstancias.

Por último, es importante destacar que en este estilo educativo juega un papel muy importante la edad de los hijos. No es lo mismo mantener este modelo de educación con todas las decisiones en un niño muy pequeño que con un hijo ya de dieciocho años de edad.

Fortalezas: El hijo o hija se siente valorado y se siente partícipe en la toma de decisiones, aunque aprende que la última palabra la tiene el adulto.

Debilidades: A pesar de que todo parezcan fortalezas, hay que tener muy en cuenta que en su extremo existe el riesgo de llegar a instaurar un debate por cada decisión que se tome en la unidad familiar, llegando a crear escenarios de incongruencia. En numerosas ocasiones, aunque suene muy duro, es contraproducente el debate, por ejemplo, cuando las libertades fundamentales de las personas dentro de un mismo núcleo familiar son eliminadas o cuando una situación de emergencia sanitaria entra en juego, por poner ejemplos un poco drásticos pero claros.

Señales de alarma: Resulta muy complejo detallar señales que puedan indicarnos que estamos polarizando o llevando al extremo este estilo educativo, así que le propongo acercarnos a ellas desde otro punto de vista. Le propongo que reflexione sobre aquellas circunstancias que bajo su criterio no son debatibles y compruebe si son debatidas o negociadas en su casa. Si en alguna de ellas usted está aceptando o fomentando el debate, tendrá una clara señal de alarma que le orienta a que reflexione sobre ello. Le lanzo tres ejemplos muy concretos y un poco graves, pero que no está mal reflexionar sobre ellos. El primero en relación con el ámbito de la salud, ¿negocia con su hijo aspectos que afecten gravemente a su salud? El segundo centrado en el consumo de drogas, ¿negocia con su hijo la ingesta de sustancias tóxicas? Por último, y mucho menos grave y, por lo tanto, mucho más casual, en el ámbito escolar, ¿negocia con su hijo las faltas de asistencia injustificadas a clase?

Como ya se ha señalado anteriormente, ningún padre o madre es cien por cien uno de estos estilos, más bien es la suma de tres, cuatro o cinco de estos estilos. Aunque parezca asombroso, hay muchas ecuaciones que pudieran parecer incongruentes, pero que luego no lo son tanto llevados a la casuística de una familia en concreto, como por ejemplo una madre que es 60 % punitiva + 30 % diplomática + 10 % sacrificante. Pudiera ser que esta fórmula desencadene un caos a nivel familiar que lo único que está generando es frustración en el hijo, y ya hemos visto en el anterior apartado centrado en las emociones hacia dónde desemboca la frustración generalmente, pero a lo mejor descubrimos que el equilibrio entre punitivo y diplomático es entendido por el hijo y que, de hecho, la madre aplica cada uno de ellos coherentemente a situaciones específicas.

Es importante destacar que en una familia, donde conviven los dos progenitores o donde existen dos figuras adultas, ambos deben tener en cuenta especialmente el estilo educativo del otro. La mezcla de ambos será decisiva en la educación de los hijos. A menudo me plantean padres y madres en intervención qué pasa si sus estilos educativos son marcadamente diferentes, la respuesta suele ser siempre la misma, si existe cohesión y amor en las decisiones que se vayan tomando, me parece positivo que el hijo o hija crezca y se desarrolle en un entorno donde puede aprender de distintos estilos educativos y llevarse lo mejor de cada uno de ellos.

Actividad explorativa

Esta actividad le ayudará a reflexionar sobre cuál es su estilo educativo, simplemente el mero hecho de invertir tiempo en esta actividad podrá traducirse en cambios reflejados en la manera de educar que usted tenga.

Le propongo que repase detenidamente los siete estilos.

Escoja un determinado número de personas cercanas a usted, que puedan conocer su faceta de padre o madre. Comparta con ellos lo que ha aprendido. Pídales que le dibujen la ecuación que ellos crean que mejor le define a usted.

Eche un vistazo a todos esos puzles y en medio de todos ellos encontrará, probablemente, la foto real de su estilo educativo.

> ¿Por qué creo que el estilo educativo ausente es el más dañino?
>
> Porque no hay dolor más grande para un hijo o hija que darse cuenta de que no existe para sus padres.

Como ya habrá podido entender, no hay estilos educativos marcadamente mejores que otros, cada uno tiene sus peculiaridades, pero es cierto que si nos parásemos a valorar cuál es el que presenta efectos secundarios más negativos, aunque pudiera parecer que fuera el negligente, no es así, el más dañino es el ausente. Una vez llegados a este punto, después de todo el recorrido que usted lleva leído y reflexionado, es momento de poder plasmar una idea que creo que debiéramos tener presente siempre como padres, madres o referentes de niños, niñas y adolescentes. Siempre que trabajo con una familia tengo presente la siguiente premisa y siempre me orienta cuando estoy algo perdido encontrando respuestas a mis preguntas.

> «Un niño, cuando es muy pequeñito, su miedo más animal y primitivo no es el miedo a morirse. Para un niño su mayor miedo es que mamá y papá le abandonen».

Traslademos esta premisa a todos los hijos e hijas, más pequeños o más crecidos, en el fondo es el mismo miedo. El adolescente, realmente, lo único que no quiere es ser abandonado por sus padres, o lo que es lo mismo, lo único que quiere es que su padre y su madre le quieran incondicionalmente.

3.
Sistemas normativos.
¿Cómo controlo la situación?

«Los jóvenes de hoy en día son unos tiranos.
Contradicen a sus padres, devoran su comida
y le faltan el respeto a sus maestros».

SÓCRATES

Quiero empezar por un concepto importante que podría resumir todo el anterior capítulo de estilos educativos: lo verdaderamente relevante es que usted sea un referente para su hijo. Si esto sucede, a usted no le hace falta tener instaurado en casa un sistema normativo, lo veremos al final de este bloque, pero empecemos por definir y conocer conceptos básicos.

A menudo, los profesionales hablamos entre nosotros de sistemas normativos que no es otra cosa que un conjunto de normas. Por lo tanto, dentro del ámbito familiar, el sistema normativo es el conjunto de normas de convivencia que existen en un domicilio o unidad familiar. Lo relevante de este aspecto es que no todas las familias tienen establecido un conjunto de normas. Hay familias que sí lo tienen y hay familias que no lo tienen, ninguna de las dos maneras es mejor que la otra. Como ya estará adivinando, lo problemático no es cómo sea un sistema normativo, sino que la clave está en si ese conjunto de normas se ajusta o no a lo que cada familia en concreto necesita. Aquí podría darse un importante factor de riesgo que puede hacer que la dinámica familiar empeore, que se origina cuando las necesidades de la familia no tienen respuesta en las normas establecidas. Siguiendo la línea de los estilos educativos, cada sistema normativo es diferente y único, hay sistemas normativos que solo se centran en las tareas de la casa, otros que atienden a los horarios de llegada y de salida. Hay mil opciones. Como resumen, podemos decir que los sistemas normativos suelen regular los siguientes aspectos: horarios de salida y de llegada. Horarios de estudio. Labores de la casa. Horarios de sueño. Ámbito económico, es decir, «la paga». Uso del móvil, televisión y demás dispositivos electrónicos. Hábitos alimenticios en familia. Hábitos de salud e higiene. Etcétera.

Hay infinitas circunstancias que pueden ser susceptibles de ser reguladas dentro de una unidad familiar. Si los padres creen que es positivo regularlas, entonces es necesario el establecimiento de un sistema normativo que esté diseñado, implementado y supervisado según el estilo educativo de cada familia. La suma de los estilos educativos de los adultos será fundamental en el establecimiento de dicho sistema normativo. Aunque parezca evidente, no sobra el recalcar que en un hogar en el que ambos progenitores conviven, el sistema normativo debe ser uno y único, independientemente de los estilos educativos. Además, las normas deben ser las mismas independientemente de cuál de los adultos esté en casa.

Un escenario perfecto sería aquel en el que la familia no necesitara tener las normas definidas, incluso en el que al hijo no le hiciera falta ni preguntar a los padres si puede o no puede hacer tal cosa. Esta situación se da cuando padre y madre son referentes para sus hijos. La tranquilidad, la seguridad y el amor en los que esos hijos crecen y se desarrollan son verdaderos y duraderos. No obstante, he visto ejemplos de familias que conviven bajo un gigantesco sistema normativo en los que se acaba conviviendo en paz, armonía e igualmente con amor duradero y verdadero.

Un ejemplo con el que me he encontrado en ocasiones podría ser el siguiente, en el que las normas están «especificadas» con un altísimo nivel de concreción y en el que lejos de suponer un «agobio» para los miembros de la familia, supone un «alivio» porque todos saben qué tiene que hacer cada uno en cada momento. En este ejemplo en concreto, tanta cantidad de concreción en las normas se traduce en un engranaje que funciona a la perfección y en el que todos están contentos.

Pablo y Manuela deciden dedicar un gran espacio de la pared de la cocina a poner un corcho bien grande. En este corcho y distribuidos por cuadrantes, vienen recogidos, por un lado, el *planning* de los siete días de la semana y, por otro, desarrollados y especificados cada uno de los conceptos descritos en el *planning*.

Se especifica, por ejemplo, que Richi (el segundo de los tres hijos) tira la basura los martes y los jueves, que Rober (el primero de los hijos) saca al perro todos los días de 20:00 a 20:30 horas, que Miguel (el pequeño) saca al perro todos los días excepto los sábados y domingos de 08:00 a 08:20 horas. Viene recogido que cada miembro de la familia tiene asignado un día en el que preparar la cena para el resto, excepto el sábado que suelen cenar fuera y excepto el domingo que es «Pizza Night» para quien se la haya ganado durante la semana. Vienen recogidas las franjas de edad y las asignaciones económicas cada año teniendo en cuenta la inflación anual… y… y…

Lo necesario es que cada familia encuentre su equilibrio en el establecimiento de unas normas de convivencia que aporten tranquilidad, armonía y seguridad para disfrutar de una dinámica caracterizada por el amor. Unas familias necesitan un sistema como el anteriormente detallado y otras familias no necesitan tener ningún sistema normativo predefinido. ¿Y su familia qué necesita?

Actividad analítica y de deseo

Le propongo que se tome un momento para analizar y comprender bien el conjunto de normas que existen hoy en día en su casa. Esta actividad requiere dos hojas de papel.

En una, apunte todas las normas explícitas en su familia. Es decir, aquellas que ya se han hablado y están asumidas (que no quiere decir que se cumplan). Por ejemplo: llegar a casa a tal hora, quién saca a pasear al perro, a qué hora se apagan los teléfonos móviles... En otra hoja apunte las normas importantes no explícitas en su familia y que cree que sería necesario que estuvieran claras.

Por ejemplo: los calzoncillos no se dejan tirados por cualquier lugar de la casa.

Ahora analice las dos hojas. Reflexione y tome la decisión oportuna para cada una de estas preguntas:

- ¿Usted quiere tener un sistema normativo específico en casa o prefiere no tenerlo?

- Si ha optado por no tenerlo, ¿es usted un referente para su hijo o hija?

- Si ha optado por tenerlo, ¿cuáles son las normas que ese sistema recoge y cuáles no?

- Ahora observe sus respuestas anteriores y contrástelo con el estilo educativo que cree tener (visto en el anterior apartado). Reflexione sobre las consecuencias de sus decisiones.

- Si usted vive en pareja o con otro adulto que sea relevante en su unidad familiar, comparta esta actividad con esa persona y reflexionen juntos.

Felicidades, creo firmemente que acaba de dar otro gran paso por la armonía de su familia y, en primera instancia, por sus hijos. Por último, si opta por poner un panel de dos metros en la cocina con la «Nueva Constitución de Nuestra Familia», la idea de utilizar el humor siempre será una buena idea.

4.
La caja de herramientas.
¿Cómo pongo las normas?

«Cuando yo tenía catorce años, mi padre era tan ignorante que no podía soportarle, pero cuando cumplí los veintiuno, me parecía increíble lo mucho que mi padre había aprendido en siete años».

MARK TWAIN

Muchas veces acompañando a familias, cuando he intentado explicar conceptos o términos, una metáfora me ha ayudado a visualizar ideas, así que voy a utilizar una de mis favoritas, «La caja de herramientas». Estaremos de acuerdo en que toda casa debería tener una caja de herramientas, una caja que siempre tuviera un martillo, un destornillador, clavos, una llave inglesa, tornillos... Hay casas donde la caja de herramientas es un verdadero taller y donde el bricolaje es todo un arte y casas donde no se sabe ni dónde está el dichoso martillo. Continuando con la metáfora, creo que hay seis herramientas que son básicas para el correcto desarrollo de la armonía en una familia. Herramientas que son fundamentales y hay que conocer, tan básicas como saber qué herramienta tengo que utilizar para cambiar la manguera de la ducha.

Las seis herramientas mágicas son:

Normas – Límites – Consecuencias – Castigos – Recompensas – Premios

En el ejercicio diario de ser padre y madre, en la maravillosa tarea de ver crecer a nuestros hijos e hijas, ver sus logros, sus decepciones, sus intentos, sus aprendizajes, a menudo nos esforzamos por establecer unas «normas de convivencia» en casa pensadas fundamentalmente para educarles. Para establecer esas normas utilizamos herramientas y, en ocasiones, podemos confundirnos en su uso. Si hay que poner un clavo en la pared para que sujete un pequeño adorno, darle golpes al clavo con la llave inglesa puede llegar a funcionar, pero coger el martillo simplifica la tarea de manera asombrosa.

Hay veces que las familias con las que trabajo no son capaces de diferenciar los seis conceptos, y por ello existen dificultades que se hacen más grandes y complejas. Es complicado llegar a dominar en cada instante qué herramienta utilizar, por eso mismo aquí radica gran parte del éxito. En este capítulo vamos a analizar y definir cada uno de estos conceptos, posteriormente vamos a profundizar un poco en cada uno de ellos, para así poder entender qué está ocurriendo en nuestra casa cuando nuestro hijo «no nos obedece», porque no es lo mismo que incumpla una norma a que no respete un límite o que se salte una consecuencia. Una vez entendidas las diferencias, podremos trasladarlo a nuestra propia familia para así poder dar un poco de luz a nuestra propia situación. Antes de empezar a desarrollar esas herramientas, una breve definición o idea general de cada una de ellas ayudará a comprenderlas mejor.

Normas. Son las pautas que los padres establecen para que la convivencia y el desarrollo del hijo sean el mejor posible.

Límites. Son las líneas que no se deben traspasar de esas normas.

Consecuencias. Son los efectos que se dan si se traspasan los límites o si no se cumplen las normas. Están programados con anterioridad.

Castigos. Son las «multas» que el hijo paga por una conducta determinada no aceptada.

Recompensas. Son los «beneficios» que el hijo va a obtener si se alcanzan determinados objetivos. Están programados con anterioridad.

Premios. Son inesperados refuerzos positivos. No están programados previamente, son impredecibles.

Estos seis conceptos pueden resultar un tanto abstractos y a menudo suelen confundirse unos con otros, por ello voy a tratar de desarrollarlos de manera práctica para que usted pueda visualizarlos fácilmente. Para ello, he traído aquí distintos ejemplos de casos reales a los que me he enfrentado y que evidencian las diferencias entre los distintos conceptos. Los he agrupado por parejas porque de manera muy concreta son antagonistas y utilizar uno en vez del otro marca decididamente la diferencia. Véalos con detenimiento, parándose a analizar bien la información y a entender correctamente los ejemplos. Aquí se esconde una de las grandes claves para mejorar la dinámica familiar.

Primer bloque: normas y límites

Las normas son las pautas que los padres establecen. Realmente no hay otra definición mejor o explicación posible. Las normas pueden estar marcadas de antemano, es decir, los padres pueden manifestarlas para que todos en casa las tengan claras, pero también puede que no estén especificadas.

Normas explícitas. Por ejemplo, «Los lunes y miércoles Jesús tira la basura por la noche». Otro ejemplo, «En casa desde el momento en que nos sentamos a cenar no se ve la televisión ni se usan los móviles».

Normas implícitas. En el caso de que no estuvieran establecidas, sucede que a Jesús de manera natural le van pidiendo que tire la basura los mismos días, lunes y miércoles, hasta que en un momento es el propio Jesús quien ha interiorizado que esos días debe tirar la basura. Otro ejemplo, cuando Ana va a coger su móvil en la mesa mientras la familia está cenando, su madre le indica con solo una mirada y un gesto que ya nadie usa su móvil.

Es decir, dependiendo del estilo educativo y dependiendo del sistema normativo establecido en cada hogar, las normas existirán de manera explícita o implícita, pero deberán existir. Lo más importante que usted debe recordar, es que las normas no se imponen, sino que nacen de los padres y madres como referentes educativos, y es desde ahí desde donde los hijos las aceptan y las entienden. Una norma impuesta a la fuerza tiene poco recorrido en el tiempo, a la larga el adolescente la incumple.

Los límites indican el momento en que están siendo traspasadas las normas, los límites se explicitan o no.

Volviendo al ejemplo del uso del teléfono móvil en la casa: Ana está mirando su móvil en el sofá de casa mientras su familia está empezando a preparar la cena. Su madre la ve. En el momento en que empiezan sus familiares a colocar la mesa, su madre le recuerda la norma, pero Ana continúa viendo su móvil. Se sientan todos a la mesa y Ana se levanta del sofá, se sienta a la mesa para cenar con el móvil en la mano. Ahí es cuando la madre le señala que está traspasando un límite, que ya no puede estar con el móvil encendido. Ana recuerda la norma, se da cuenta en el momento de que está traspasando un límite que no se puede traspasar y deja el móvil. Con mayor o menor agrado, pero acepta la norma y no transgrede el límite.

Los límites a menudo no están presentes de manera consciente. Ante los límites los padres reaccionan de manera inmediata sin meditar qué está ocurriendo. Veámoslo con un ejemplo extremo y poco común pero real para acabar de entender y comprender la diferencia entre norma y límite.

En casa de Daniel no existe la norma de «No se puede abrir la ventana y sentarse en el poyete, porque vivimos en un octavo y te puedes caer». Bien, es evidente que esta norma es de sentido común, independientemente del estilo educativo de los padres y del sistema normativo que pueda existir (aunque este sería un buen ejemplo de normas que no existen en estilos negligentes y ausentes, revise el apartado «Estilos educativos»). Daniel, de diez años de edad, es un verdadero trasto y muy despistado, nadie sabe bien por qué, pero está abriendo la ventana, la madre le ve, el hijo acerca una silla, se sube a ella y en el momento en que empieza a sacar una pierna por la ventana la madre se abalanza sobre él, le agarra y le mete para dentro de casa.

Aquí, el hijo ha incumplido una norma que no estaba «hablada» con anterioridad y definitivamente ha estado a punto de saltarse un límite pensado para que no le ocurra una desgracia. El modo de actuar de su madre es visceral, es instintivo, ha actuado con firmeza, con seguridad y sin duda al respecto. No ha utilizado la agresividad y Daniel ha sentido esa seguridad de su madre, ese instinto, así es como se reacciona ante el traspaso de los límites. Regresando al ejemplo del móvil en la casa de Ana, si su madre siente desde dentro de sus entrañas con tanta seguridad y confianza que ese límite no debe traspasarse, a la madre de Ana no le hará falta casi nada más que una mirada a su hija.

Segundo bloque: consecuencias y castigos

Lo primero que hay que tener en cuenta en este bloque es que la diferencia básica radica en «cuándo» le comunicamos al hijo o hija que ha incumplido una norma y el efecto que produce. ¿Se lo decimos antes o después de que lo haya hecho? La temporalidad aquí es la clave. Es decir, ambos, consecuencias y castigos, son muy similares, son efectos a determinadas acciones de los hijos. Pero «cuándo» se comunican marca la diferencia entre que sea una actuación educativa y reparadora o una simple actuación punitiva y sancionadora. Es decir, el adolescente va a asimilar el efecto negativo como un aprendizaje o como una venganza dependiendo de «cuándo» se le informe.

La experiencia me ha demostrado a lo largo de los años que las consecuencias son mucho más efectivas que los castigos.

Las consecuencias son los efectos que tienen los incumplimientos de las normas. Se basan en que los padres observan que el hijo está cerca de no respetar una norma o que, de hecho, lo está haciendo ya, y antes de que el incumplimiento sea totalmente evidente, los padres le explican al hijo que saltarse esa norma va a conllevar una determinada consecuencia. De esta manera, se está enfocando la responsabilidad en el hijo. Es decir, le estamos dando la opción al hijo de que decida lo que él quiera: respetar la norma o incumplirla y asumir la consecuencia.

La consecuencia siempre debe ir relacionada directamente con la norma que ha incumplido. Si no es así, el cerebro del hijo no puede interiorizar y colocar bien el aprendizaje. Esto es fundamental porque no tiene nada que ver haberse saltado el horario de apagar la videoconsola con poder salir con sus amigos por la tarde. Normalmente, ante el estrés y la inmediatez de las situaciones, «agarramos» la primera solución que se nos viene a la cabeza. En este ejemplo es fácil reconocerlo, un hijo que se pasa de tiempo utilizando la videoconsola y a continuación es privado de poder salir con sus amigos por la tarde está siendo privado de socializar, y eso no tiene nada que ver con enseñarle a mantener un uso correcto de los videojuegos. Para que una consecuencia tenga el efecto educativo deseado debe haber sido explicitada con anterioridad y debe ir relacionada directamente con la norma o límite que se ha transgredido; ya habrá adivinado que en el anterior ejemplo la consecuencia más apropiada sería aquella que tuviera que ver con la restricción de uso de la videoconsola.

Los castigos son las «multas» que un hijo o hija paga por no haber cumplido una norma o por haber transgredido un límite. El castigo se diferencia de la consecuencia por dos aspectos. El primero, porque no se ha avisado con antelación, se informa *a posteriori* de que haya incumplido la norma o traspasado el límite. El segundo, porque a menudo no está relacionado con la norma incumplida, tiene un carácter puramente punitivo. Los castigos son entendidos desde hace mucho tiempo como muy efectivos, ya que el hijo «aprende» que si no cumple una norma, «le pasa algo que no le gusta», pero la realidad es que los adolescentes que han crecido a base de castigos han interiorizado un mecanismo de supervivencia por el cual «se desenvuelven por la vida evitando castigos». Estos hijos desarrollan a menudo una estrategia perjudicial basada en el «que no me pillen», que es justo lo contrario a lo que se pretende, que sería algo cercano a «que supiera desenvolverse por la vida asumiendo y entendiendo las normas básicas de convivencia». Le propongo cambiar los típicos ejemplos basados en los adolescentes que he utilizado hasta ahora y pensar en una metáfora de la vida de un adulto para poder entenderlo desde otro punto de vista.

Martín tiene que elaborar un informe para enviarlo a París todos los lunes por la mañana en su oficina, pero un día no lo manda. Su jefe se acerca rapidísimo, muy enfadado porque Martín no lo ha mandado y le dice: «Sr. López, no ha mandado el informe a París, coja ahora mismo la fregona y póngase a limpiar todos los baños de la oficina». Imagínese que esa misma mañana, el jefe, viendo que la hora del envío del informe a París se acerca, ve que Martín está mirando en su ordenador los resultados deportivos del fin de semana, imagínese que el jefe se acerca a su mesa con cara de perro y le dice: «Sr. López, como no le dé tiempo a mandar el informe a París, se va a tener que quedar esta noche dándole explicaciones a los franceses hasta la hora que ellos estimen que el trabajo está acabado».

Este ejemplo, un poco caricaturizado, ejemplifica bien las diferencias entre un castigo y una consecuencia. Visto desde la distancia resulta muy evidente, pero tenga en cuenta que cuando se está inmerso en la rutina de la vida diaria es muy complicado sopesar las diferencias de uno y otro en el momento en el que su hijo o hija esté incumpliendo una norma, pero el resultado tanto inmediato como a largo plazo es radicalmente distinto. Volviendo al ejemplo, si una cosa está clara, es que Martín López lo ha hecho mal. En las dos ocasiones seguramente no envía el informe a tiempo sin respetar la norma establecida, pero en la segunda situación existe una opción de que gracias a la anticipación de su jefe lo envíe y si aun así no lo hace, la consecuencia es reparadora del mal causado y además es irrebatible. El castigo de la limpieza de los baños lo único que hace es alejar más emocionalmente al trabajador de su jefe.

Con el castigo, Martín acabará teniendo miedo o rabia hacia su jefe; con la consecuencia, Martín al final verá en su jefe a un referente.

Por último, es importante observar en este ejemplo cómo el castigo es simplemente punitivo, mientras que la consecuencia al final ha conseguido el doble objetivo que persigue. Por un lado, Martín ha comprendido que en el futuro es mejor enviar el informe y no tener que quedarse más tiempo. Por otro lado, la consecuencia ha conseguido que Martín termine y envíe el informe, es decir, ha conseguido que respete la norma.

Tercer bloque: recompensas y premios

Este último bloque de herramientas guarda bastante similitud con el anterior. De nuevo, la diferencia radica en «cuándo» se le comunica al hijo o hija la recompensa o el premio, de nuevo la temporalidad es una de las claves. Es decir, si el hijo o hija es conocedor del objetivo que puede alcanzar o de si ese beneficio lo recibe por sorpresa.

Las recompensas son metas que se marcan. A menudo, cuando se establecen las normas y se evidencian los límites, puede que nos encontremos con dificultades en encontrar la clave para que nuestro hijo respete las normas. La realidad es que no debería ser así, la estrategia sería conseguir ser un referente como padres para que la norma se asuma desde la comprensión de que está establecida por su propio bien. Pero cuando se encuentran dificultades, un pequeño «atajo» es el de establecer recompensas.

El uso delimitado y puntual de estas recompensas puede ser un recurso útil para dar respuesta a situaciones que se acercan al límite. No obstante, lo ideal sería que poco a poco las recompensas se fueran eliminando. La recompensa idónea es aquella que el padre no le da al hijo, sino que el hijo alcanza por sus medios. Para entenderlo más fácilmente: no es lo mismo imponer la norma de «Hay que estudiar dos horas todos los días» a «Conseguir que el hijo entienda y hasta le guste estudiar». Si no llegamos a ese nivel de perfección, evidenciar la recompensa es la clave: «Si estudias y te aplicas, lo que va a suceder es que vas a disfrutar aprendiendo y a aprobar los exámenes». Puede sonar idílico, pero hay muchas veces en que nos olvidamos del ejercicio de explicar las consecuencias positivas de las normas o acciones, y verdaderamente es muy importante la explicación, porque orienta a los hijos hacia lo positivo.

Los premios son refuerzos positivos aleatorios, a menudo materiales o en concepto de privilegio, que se establecen sin previo aviso. Un premio adecuadamente explicado y firmemente equilibrado puede ser un aliciente y un elemento muy motivador y estimulante. Sin embargo, el premio suele generar ansiedad y angustia a largo plazo, ya que normalmente por acciones similares no se obtiene el mismo premio o ni siquiera premio alguno, lo que genera inseguridad y la frustración citada en anteriores capítulos.

Veamos un ejemplo con dos escenarios distintos:

Charly está pasando por una mala racha en el colegio, lleva un mes mal en casa y hay varias circunstancias que le rodean que no favorecen que se centre al estudiar. Sus padres, viendo que por primera vez, probablemente, no apruebe todas las asignaturas, deciden motivarle con una recompensa. Le explican que si aprueba todo esta evaluación podrá comprarse el monopatín que llevaba tanto tiempo pidiendo.

Por otro lado, Rafa está pasando por una mala racha en el colegio, lleva un mes mal en casa y hay varias circunstancias que le rodean que no favorecen que se centre al estudiar. A pesar de todo, consigue aprobar todos los exámenes y sus padres deciden darle una sorpresa. Le compran ese monopatín que tanto quería y le explican que le han visto esforzarse y que quieren premiarle.

Los padres en ambas situaciones intentan hacerlo lo mejor que pueden, no hay duda de sus intenciones, ambas circunstancias bien explicadas y argumentadas no tienen reproche. Sin embargo, si en la siguiente evaluación Rafa aprueba y no tiene premio, podrá argumentar fácilmente «¿Dónde está mi regalo?». Las recompensas motivan y centran más a nuestros hijos, los premios en ocasiones pueden descentrarles. No hay nada peor que realizar una acción esperando obtener algo a cambio y no obtenerlo. Las recompensas al estar pactadas anteriormente aportan estabilidad y seguridad.

Teniendo en cuenta que usted ya ha aprendido que la temporalidad es la clave en el uso de las herramientas, le propongo que durante esta semana se centre precisamente en ello. Le planteo esta actividad que requerirá de usted un gran esfuerzo, ya que deberá estar «alerta» constantemente y posiblemente modificar la manera que usted tenga de manejar las herramientas. Esta actividad tiene que ver con su estrategia.

Actividad dirigida

Elimine durante una semana los castigos y transfórmelos todos (con anticipación) en consecuencias.

Elimine durante una semana los premios y transfórmelos todos (con anticipación) en recompensas.

La idea es que su hijo tenga claro durante una semana cuáles van a ser los objetivos que consiga (recompensas) y qué le va a pasar exactamente (consecuencias) si no respeta las normas establecidas. Haga balance, al finalizar la semana, de los logros o retrocesos experimentados. Recuerde, una dinámica no cambia en una semana, pero en ocasiones sí puede darnos pistas de qué pasaría si nos comprometemos a largo plazo con una estrategia.

5.
La pregunta del millón de dólares. ¿Por qué no cumple las normas de casa?

«Estos son malos tiempos. Los hijos han dejado de obedecer a sus padres y todo el mundo escribe libros».

CICERÓN

Esta es la pregunta del millón de dólares. Realmente no creo que no haya habido una sola familia en todos mis años de experiencia que en algún momento de la intervención no haya planteado esta pregunta. Aquí radica el quid de la cuestión y en numerosas ocasiones es muy difícil de explicar porque es muy difícil de entender la dinámica familiar, sin embargo, casi siempre cuando se logra entender qué está pasando realmente en casa todo cobra sentido de repente y nos preguntamos tantas veces esa segunda pregunta tan recurrente, «Pero ¿cómo no lo vi yo esto antes?». Bueno, pues la realidad es que cuando se trata de nuestro hijo o hija, la cuestión es que entran en juego las emociones y ya hemos visto que las emociones nos ayudan siempre, nos protegen, nos cuidan, nos motivan, pero cuando no somos capaces de saber qué emoción estamos sintiendo, parece que estamos dentro de un laberinto sin salida. Cuando estamos tratando un problema «de» nuestro hijo, a menudo estamos hipersensibilizados y nos centramos precisamente en «su» problema, dejando en ocasiones de seguir mirándonos a nosotros mismos.

Sin todo el ejercicio que usted ha hecho hasta aquí, entendiendo y asimilando conceptos, analizando en profundidad su dinámica familiar y poniendo en práctica ejercicios y actividades, resultaría complejo aventurarse a dar una respuesta general. Sin embargo, desde mi experiencia y perspectiva podría ser más fácil de responder de lo que cabría esperar, siendo consciente de todo lo que ya ha aprendido y reflexionado. Lo primero que hay que tener en cuenta es que no es lo mismo que la norma la incumpla un niño de tres años que la incumpla un hijo de veinticinco años que todavía no se ha independizado. Siguiendo este razonamiento lógico, podríamos desarrollar causas relacionándolas con las edades de nuestros hijos. No obstante, y antes de que usted continúe leyendo, hay una fórmula mágica que podría abarcar todos los casos independientemente de la edad.

> Cuando un hijo está incumpliendo sistemáticamente las normas, la desesperación se apodera de los padres. Pero en realidad podría no estar echándoles un pulso, podría simplemente estar pidiendo ayuda y, en ocasiones, más amor.

¿Esto quiere decir que no le estemos dando amor? Estoy convencido de que no. Lo que esta idea quiere decir es que nos está pidiendo a su manera que necesita más amor. Cada hijo, cada ser humano, tiene un yo único, una individualidad propia que le distingue del resto de seres humanos, por eso, de manera inexplicable, hay hijos que tienen un temperamento bien definido y otros que son bien diferentes entre ellos. Esto suele ocurrir aunque nosotros tengamos un estilo educativo bien definido y a pesar de que teóricamente nuestro sistema normativo sea el mismo en el momento que nacieron nuestros hijos. Efectivamente, nuestra experiencia va creciendo y vamos perfeccionando nuestro rol de padres, pero no hay que dejar de lado el entendimiento de que cada ser humano es una individualidad en sí misma. Donde uno necesita unas cosas, otro necesita otras. El punto de partida, nuestra premisa como familia acompañando a nuestros hijos en su desarrollo personal, es descifrar qué mensaje nos está lanzando nuestro hijo cuando no está cumpliendo las normas o cuando está «portándose mal». El inicio de nuestra investigación debería siempre partir por analizar si nuestro hijo nos está pidiendo más amor, más atención, más presencia… ¿Qué nos está pidiendo?

Una vez entendida esta idea, podemos de manera general diferenciar los posibles mensajes de nuestros hijos según las diferentes etapas. Existen una orientación filosófica y pedagógica teutona que define y realiza un estudio asombroso y muy certero del desarrollo del ser humano desde su nacimiento hasta el inicio de la vida adulta, que diferencia en tres grandes fases de siete años de duración cada una y además asigna a cada etapa un claro pilar sobre el que se basa todo el desarrollo de la persona, y sobre el que todo padre, madre y profesionales de la educación deberían focalizar su mirada. De los cero a los siete años la voluntad sería la protagonista, de los siete a los catorce años todo estaría centrado en el mundo de la sensibilidad y de la emoción para llegar finalmente a la última etapa, de los catorce a los veintiún años, cuando debería asumir el mando todo lo relacionado con el pensamiento y con el debate argumental y filosófico. Desde luego, no hay que dejar de lado perspectivas educativas de tanto peso como esta en particular, que ya desde hace mucho tiempo nos querían enseñar que no es muy productivo intentar argumentar con un niño de seis años, ya llegará su momento, porque anticipar o alargar etapas solo crea dificultades a largo plazo.

Cuando trabajo y atiendo casos concretos, siempre tengo en mi cabeza la siguiente clasificación y división. Normalmente parto de las hipótesis explicadas según las etapas en las que yo entiendo podemos dividir a grandes rasgos el desarrollo de los hijos. A lo largo de mi trayectoria me ha resultado extremadamente útil establecer la siguiente división de modo general para intentar entender cuál es el mensaje concreto que está queriendo lanzar cada hijo o hija.

- Bebé – niño pequeño
- Niño grande
- Preadolescente
- Adolescente

Bebé – niño pequeño

De los cero a los cuatro años. Lo más probable es que su hijo no esté incumpliendo ninguna norma. Lo más probable es que su hijo esté *experimentando y aprendiendo*. A los tres años, las normas no deberían existir con carácter explícito tal y como se ha explicado anteriormente. En esta edad, el niño necesita jugar y aprender. Aprender a respetar normas y límites también se logra experimentando. Su hijo probablemente está jugando a hacerle perder la paciencia, está conociéndole a usted como padre o madre, está aprendiendo de la vida. Juegue con él todo lo que sus huesos de padre y madre aguanten y estará invirtiendo a largo plazo.

Niño grande

De los cuatro a los diez años. Aquí sí está realizando un incumplimiento intencionado de la norma para analizar, estudiar y sopesar cuáles son las consecuencias. Aquí, en esta franja tan grande de edades, *su hijo le está pidiendo directamente que le enseñe cómo debe desenvolverse en la vida.* Quiere saber qué es lo que se puede y qué es lo que no se puede hacer. Necesita que usted le ayude, necesita que usted le enseñe, y cada vez que incumple una norma es lo que le está pidiendo a voces. Así que no deberíamos tomárnoslo a lo personal. Su hijo no está incumpliendo una norma para fastidiarle a usted. Piénselo así, las conductas de su hijo de ocho años le están transmitiendo en otro idioma algo así como: «Papi, si cuando tenga treinta y dos años llego todos los días tarde al trabajo y no tengo los informes hechos, ¿pasa algo?». Es importante tener en cuenta que en esta etapa el niño experimenta continuamente el «no» como autoafirmación y no estaría mal recordar los conceptos de la «voluntad» de los primeros siete años referidos anteriormente y de que no es buena idea intentar alcanzar un alto grado de debate o de razonamiento en nuestro hijo; al contrario de lo que a veces podamos desear, suele provocar un alto grado de frustración en los hijos.

Preadolescente

De los once a los catorce años. La premisa básica para entender esta etapa es que su hijo está inmerso plenamente en un proceso puramente emocional. El mundo de las emociones es el que impera y domina esta etapa. El cuerpo del niño está transformándose y ni él mismo sabe qué le está pasando y, por tanto, en ocasiones no se aguanta ni él mismo. Imagínese que usted es un niño y de repente empieza a crecerle pelo por todas partes y que su cuerpo empieza a desarrollarse descontroladamente, las hormonas empiezan a despertar. *El preadolescente no sabe ni quién es él. No sabe ni lo que quiere.* ¿La «edad del pavo»? Exacto, es su hijo el que no sabe qué le está pasando a su cuerpo, que empieza a descontrolarse y a incumplir con locura frenética las normas para lanzarle un grito desesperado que sería algo así como: «Papi, por Dios, mira lo que me está pasando en el cuerpo, esta no soy yo, madre mía, estoy guapísima, pero también estoy horrible, por favor, papi, por favor, mami, pase lo que me pase, no me dejéis de querer, eso es lo único que no soportaría… Vale, ¿me vais a dejar de querer alguna vez? ¿A que no? ¿A que me vais a seguir queriendo aunque tenga mazo de granos?…». Probablemente esté incumpliendo las normas para, inconscientemente, llamar su atención. Para asegurarse de que usted no le abandona. Cuando los padres leen o escuchan estas respuestas, a menudo lo primero que afloran son las resistencias. Es decir, es lógico pensar que el incumplimiento de las normas que nuestro hijo presenta está empezando a ser preocupante, pero cuando los padres logran centrarse en dar respuesta a lo que realmente su hijo les está pidiendo, paulatinamente estas conductas disminuyen. Cada hijo puede pedir una cosa distinta: más atención, más amor, más tiempo, más tranquilidad en el hogar, menos prisas, más diversión y menos «rollo» en la casa… Nuestra misión es traducir sus conductas en el mensaje que realmente nos está mandando. Ahí está la clave. En esta etapa las conductas de su hijo o hija probablemente respondan a las denominadas «crisis evolutivas», es decir, crisis por las que atraviesa el ser humano, gracias a las cuales se favorece el desarrollo y crecimiento. Entenderlas desde esta perspectiva nos ayudará a acompañarles en estas crisis y a no ir en su contra, lo que solamente produciría una transformación no deseada de «crisis evolutiva» a «crisis involutiva».

Adolescente

De los catorce a los ¿? La realidad es que la edad a la que cada persona deja de ser un adolescente es una incógnita. Hay numerosísimos adolescentes de treinta y cinco años que van a trabajar a diario vestidos con corbata, que salen de «fiesta» todos los fines de semana y que el domingo pasan la resaca jugando a las «videomaquinitas» sufriendo con pena la llegada del lunes. Aquí nuestra principal tarea será diferenciar si nuestro hijo o hija está todavía presentando una «crisis evolutiva» o si por el contrario está presentando una «crisis involutiva» que ya avanzábamos anteriormente. Si se da este último caso, lo sabremos, porque entonces estará inmerso en un proceso que le está haciendo retroceder en su desarrollo personal. Aquí es fundamental abrir bien nuestros ojos y oídos como padres, para prestar atención y analizar si las actitudes y conductas que presenta nuestro hijo son o no propias y acordes a su proceso madurativo. Un adolescente de manera general incumple las normas por dos razones. **La primera es porque se equivoca.** Sí, la impulsividad y la falta de capacidad reflexiva es una de las características de la adolescencia, así que, en gran medida, el adolescente se equivoca al incumplir la norma. Sin más. Todos cometemos errores. Aprenderá con la edad o eso esperamos. **La segunda razón es porque el sistema normativo no se ajusta, o no se ha ido ajustando con el paso del tiempo, adecuadamente a su desarrollo y a sus características.** Si el adolescente incumple sistemáticamente las normas, no es porque se equivoque sistemáticamente, es en gran medida, porque en las etapas anteriores no hemos sabido dar una respuesta ajustada a lo que nos estaba pidiendo con sus incumplimientos y, por tanto, ahora reacciona incumpliendo intencionadamente la norma. Si desde la primera etapa hemos entendido y hemos dado respuestas ajustadas a los incumplimientos, en esta etapa lo normal es que nuestro hijo se equivoque con asiduidad, pero que con cada equivocación vaya interiorizando el error hasta alcanzar un estado de aparente idoneidad. Si no hemos «acompañado» a nuestros hijos, entonces tenemos a un adolescente reactivo tal y como veremos más adelante en el capítulo 8.

Así que, independientemente de la edad real que tenga su hijo o hija, sería necesario realizar un ejercicio de introspección y analizar cómo ha sido la evolución del cumplimiento de las normas desde que nació. Analizar qué respuesta le dieron. A lo mejor usted tiene un hijo de diecisiete años que realmente está en la fase de «niño grande». A lo mejor su hijo necesita ser acompañado y que se le expliquen las consecuencias de todas y cada una de sus conductas. Solamente usted puede saber y analizar bien las razones concretas. Lo que es evidente es que cada hijo y cada hija son tremendamente distintos pero asombrosamente similares. Cada caso debe ser estudiado de manera individual y en profundidad, casi siempre la respuesta del amor es más efectiva que el mejor de los sistemas normativos o la caja de herramientas más completa, mi experiencia me dice que pruebe a empezar por ahí. Normalmente, en mis años de trabajo, cuando un adolescente incumple la norma y los padres y profesionales entramos a reflexionar, a estudiarla, a analizarla, a argumentarla, a proyectarla… el adolescente nos suele ganar, porque puede haber entrado en una fase en la que está acostumbrado al conflicto. Y es en esta dinámica, cada vez que hay un conflicto, cuando obtiene una gratificación perjudicial para su desarrollo. Ahí es cuando se produce una retroalimentación insana, de la que parece imposible escapar.

Pero cuando un hijo incumple la norma y los padres muestran firmeza ante sus conductas junto con amor incondicional ante sus emociones, el hijo suele desarmarse, porque no hay mejor arma contra las armas que el amor.

Es precisamente en esos momentos, cuando los padres dejan de poner la mirada en la conducta del hijo adolescente y empiezan a analizar la dinámica en su generalidad, cuando ellos mismos son los que comienzan a encontrar las respuestas a las preguntas. Los incumplimientos de las normas normalmente son altavoces de los problemas que los hijos tienen. Si su hijo adolescente siempre incumple los horarios de llegada a casa o incluso a veces no llega a casa hasta el día siguiente sin su consentimiento, está lanzando un mensaje marcadamente diferente de si su hijo es incapaz de levantarse de la cama y ponerse a estudiar, quedándose todo el día «tirado» en su habitación y hablándole de malas maneras. Ambas circunstancias se comentan igual, «Nuestro hijo no cumple las normas de casa», pero, como podemos entender, ambas situaciones esconden problemas del hijo presumiblemente de distinta naturaleza.

Creo que la solución la tiene efectivamente usted, estoy convencido de que con los ojos bien abiertos y con los oídos bien preparados para traducir todos los comentarios, usted es la mejor persona para ayudar a su hijo, o al menos uno de los protagonistas principales del cambio de vida de su hijo o hija adolescente.

6.
Reiniciando.
¿Puedo darle la vuelta yo
a esta situación?

«Tener hijos no lo convierte a uno en padre,
del mismo modo que tener un piano no lo
convierte a uno en pianista».

MICHAEL LEVINE

¿Puedo darle yo la vuelta a esta dinámica en la que estamos
inmersos en casa? Por supuesto que sí, de hecho, ya está ha-
ciéndolo, haber llegado hasta aquí sin duda ya está produ-
ciendo efectos positivos en usted y, por lo tanto, en su familia. Todo ello en el sentido de que usted ya ha reflexionado
y esa es una de las verdaderas claves, porque no es posible
conocer exactamente las características de su familia en particular y todo lo expuesto anteriormente es una visión general, pero usted a medida que ha ido leyendo cada párrafo
y cada capítulo ha ido reflexionando y ajustando todos los
conceptos a su familia en concreto. En ocasiones se habrá
sorprendido al verse identificado, otras veces habrá compro-

bado que la situación o problemas que tiene en su casa no son de esas características, podrá estar de acuerdo o en desacuerdo con lo que vaya a leer en el resto del libro, pero la realidad es que todos esos pensamientos están suponiendo un buen esfuerzo de introspección y esa es otra de las claves importantes para reiniciar y para alcanzar la armonía con sus hijos adolescentes.

En los capítulos anteriores usted ha aprendido las diferencias entre normas, consecuencias, límites, castigos, recompensas y premios. También ha podido reflexionar sobre las posibles causas de que un hijo o hija incumpla las normas o transgreda los límites. Parece que está claro que la fórmula mágica sería algo así como: «Cuando un padre observa que un hijo va a incumplir una norma o cuando está viendo que se va a traspasar un límite, debería indicarle la razón de que esa norma exista y, en todo caso, comunicarle la posible consecuencia de ese incumplimiento. Así no tendremos que llegar al castigo y podremos acompañar al hijo en su aprendizaje llegando a ser un verdadero referente para él».

Bueno, efectivamente, esta sería la teoría; si usted es capaz de aplicarla en la mayoría de las ocasiones, la realidad es que está en el buen camino y merece toda la admiración porque no es nada fácil. Pero la teoría es una cosa y la práctica, otra. Aun así, no debemos menospreciar la teoría o darla por imposible. Si somos capaces de interiorizar y comprender la teoría, cuando nos enfrentemos a la práctica, al día a día, posiblemente nos equivocaremos muchas veces, pero en el fondo siempre tendremos la seguridad de entender el porqué de nuestras acciones. Si no conocemos la teoría, estamos perdidos y sin rumbo. Como usted ya sabe la teoría, en este nuevo capítulo nos queda centrarnos en el principal problema con el que las familias llegan a intervención, reflejado en la introducción:

> «Mi hijo no cumple las normas, se salta los límites, pero es que tampoco cumple las consecuencias ni los castigos que le ponemos».

Efectivamente, si este escenario es la tónica general de la dinámica familiar, usted y su familia al completo tienen un problema importante. ¿Qué hacemos en estos casos? ¿Qué hacemos cuando ni siquiera cumple las consecuencias o los castigos? Voy a tratar de dar respuesta con una concatenación de razonamientos simples pero básicos y fundamentales.

> Si mi hijo no acepta consecuencias ni castigos → entonces es que no soy un referente ahora mismo para él. Puede que sí lo sea en el futuro, pero no ahora mismo.
>
> Si no soy un referente → no puedo seguir realizando las mismas acciones en casa.
>
> Si no puedo realizar las mismas acciones en casa → debo buscar nuevas respuestas dentro de casa.
>
> Si busco nuevas respuestas dentro de casa, pueden pasar dos cosas.

1. Que sean efectivas y la dinámica negativa se solucione. Fin.

2. Que no sean efectivas.

Si las nuevas respuestas de casa no son efectivas → debo buscar nuevas respuestas fuera de casa.

Cuando parece que todo está perdido, poder encontrar al profesional o grupo de profesionales acertados es siempre una labor complicada pero decisiva. Sí, pero ¿qué hacemos mientras encontramos a los profesionales idóneos? Hay un método eficaz para ese tiempo de espera que es dejar de hacer absolutamente todo lo superfluo que hace en su día a día y dedicarse en cuerpo y alma a su hijo o hija. Cada segundo cuenta. Esto quiere decir que usted debe atender a sus responsabilidades ineludibles, como pueden ser acudir a su trabajo, realizar las tareas de la casa, atender a sus demás hijos o hijas, atender a familiares dependientes de usted y todas aquellas circunstancias similares que son imprescindibles. Ahora bien, el resto de «cosas» que cualquier persona hace en su vida diaria: ver la televisión, salir a dar un paseo, pasar tiempo de ocio con sus amigos, leer por la noche en su cama, leer el periódico el domingo por la mañana, mirar el móvil en su casa... todo debería quedar cancelado hasta nueva orden. La realidad es que si su hijo o hija está incumpliendo normas, está transgrediendo límites, no está aceptando consecuencias y no está cumpliendo castigos, ya hemos aprendido que lo que pasa es que su hijo le está pidiendo ayuda a gritos.

Lo que realmente le está pidiendo su hijo es que usted no le abandone. El sentimiento de abandono es el peor al que se puede enfrentar un hijo, ningún hijo puede entender que sus padres lo abandonen y si su hijo o hija está en este escenario, entonces no puede entender que usted le preste atención al móvil en casa en vez de a él; no puede entender que usted se vaya a dar un paseo sin él; no puede entender que usted se ponga a ver una película sin él; no puede entender que usted lea el periódico por la mañana un domingo como si no pasase nada; no puede entender el estrés de su trabajo…

Cada segundo que pase sin que su hijo no sienta la sensación de «Qué pesao es mi padre que no me deja en paz…» es un segundo perdido. Pero no nos equivoquemos, esta frase no se refiere a que «es un pesao porque no para de darme órdenes». No, esta frase se refiere a «Qué pesao es, que no para de querer estar conmigo». Lo normal es que su hijo o hija reiteradamente le niegue su compañía, sobre todo en la adolescencia, pero, no lo olvide, es precisamente lo que anhela más profundamente. Si alguien le asegurase que tras insistir trescientas veces en proponerle planes para estar con él, tras desistir trescientas veces de hacer usted sus propios planes, tras sentarse en el suelo del pasillo trescientas veces en frente de la puerta de su habitación esperando a que su hijo salga y le vea, si alguien le asegurase que entonces su hijo cambiaría, estoy seguro de que usted lo haría sin dudarlo. Trescientas veces pasan volando.

Ahora bien, mientras empieza con la primera de esas veces y hasta que llegue la número trescientas, le recomiendo que lleve a cabo una primera tarea que es «elaborar un minucioso registro de las conductas y actitudes de su hijo o hija». Los profesionales que en el futuro intervengan lo apreciarán como oro en paño. A menudo hay padres y madres que preguntan para qué sirve ese «registro», la realidad es que se trata de una tarea que adquiere verdaderamente su importancia a largo plazo y, sobre todo, cuanto más minuciosamente haya sido realizada. Hace tiempo muchas personas, muchos niños, muchos jóvenes y muchos adultos tenían un pequeño diario en su mesilla de noche, probablemente ese diario hoy en día haya sido cambiado por el teléfono móvil, pero en cualquier caso aquellos diarios tenían más funciones de las que creemos. No se trataba solamente de una pequeña libreta en la que anotar las anécdotas del día o los tormentos y esplendores del amor, llevar a cabo un diario suponía para todas aquellas personas una reflexión de lo que el día había supuesto, un análisis de los hechos sucedidos y, en definitiva, una identificación de las emociones que se habían transitado. Salvando las distancias, llevar a cabo un diario de la relación con su hijo tiene efectos un tanto invisibles a corto plazo, pero asombrosamente evidentes a largo plazo. Si un profesional entra a analizar la dinámica familiar y a intervenir en su familia, sin duda, será todo un tesoro.

Actividad. Un reto

Independientemente de si usted está en este escenario o no, le propongo un reto que es habitual que plantee a las familias en consulta.

Desde hoy mismo, márquese el sencillo objetivo de HACER REÍR A SU HIJO. Al menos una vez. Puede hacer lo que usted quiera, desde hacer el payaso o contar un chiste hasta tirarse los macarrones por encima de la calva.

Una sonrisa genuina de su hijo creada por usted equivale a más de un mes de intervención de profesionales.*

* Entendiéndose como metáfora.

BLOQUE II.
Identificando la violencia

«El hombre que no lleva en sí la música…
está hecho para traiciones, estratagemas y daños».

W. SHAKESPEARE

Durante la primera parte de este libro he tratado de exponer las premisas básicas para alcanzar una convivencia feliz en nuestro hogar. Nuestros hijos son el tesoro más grande que tenemos, son fuente de alegría y felicidad constante, básicamente son la fuente de nuestra motivación diaria. Día a día nos levantamos de la cama, acudimos al trabajo, atendemos nuestras responsabilidades por nosotros, por nuestro bienestar, pero en primera instancia por ellos, por darles la oportunidad de que sean capaces de construir una vida feliz. Sin embargo, en ocasiones todo este plan inicial puede verse muy alejado del camino que hemos recorrido realmente. Esta segunda parte tiene el propósito de adentrarse en zonas que muchas veces son desagradables, nadie quiere verse en las dinámicas que voy a describir, pero esto no es excusa para que las conozcamos, para que visualicemos su dimensión y para que tengamos la certeza de saber cómo actuar si la ocasión así lo requiere. Esta segunda parte es fundamental para hacer un adecuado ejercicio de prevención, ya que toda la información y ejemplos que he plasmado son reales, fruto de toda mi experiencia. Así que le propongo que le otorgue la importancia que merece, porque prevenir siempre es mejor que curar.

A todos nos causa rechazo la violencia. Nadie quiere estar en contacto con la violencia. Ni sufrirla ni ejercerla. Cuando en nuestra casa empezamos a detectar conductas o actitudes en nuestros hijos que no entendemos y que en ocasiones no toleramos, es necesario realizar un ejercicio de comprensión para así poder encontrar la mejor respuesta o solución. Para ello, sabemos que empezar desde un punto de partida global es la mejor ruta, de esta manera, poco a poco llegaremos a entender la situación real de nuestro hijo o hija.

Aprender a distinguir entre violencia y agresividad es la primera de las claves. Quizás pueda parecer que son conceptos que le quedan muy lejos a nuestra familia, pero la realidad es que aprender desde el primer momento a diferenciar ambas podrá ser determinante en el futuro. No es lo mismo observar una respuesta agresiva de nuestro hijo adolescente, entendiéndola como parte reactiva ante un determinado estímulo, que confundirla con actos deliberados de violencia. Por ello, le propongo estudiar y comprender un poco de teoría general que nos ayudará más adelante a contrastarla con el ejemplo concreto de nuestra propia familia.

A continuación vamos a aprender a diferenciar entre violencia y agresividad, a delimitar los distintos tipos y causas de la violencia, a identificar los niveles reales de dificultad en los que pueda encontrarse su familia, veremos un gráfico que nos ayudará a visualizar nuestra situación y reflexionaremos sobre los conceptos de responsabilidad y culpabilidad.

7.
Violencia y agresividad. ¿Es mi hijo violento?

«No tiene el padre enemigos como los hijos traviesos».

LOPE DE VEGA

La primera duda que aparece cuando nuestro hijo mantiene conductas desajustadas hacia nosotros o dentro de casa es saber qué le está pasando. Como padres, nos abordan las dudas y podemos llegar a plantearnos preguntas del tipo: «¿Tiene problemas psicológicos mi hijo?, ¿es malo?, ¿a lo mejor es solo un consentido?». Es lógico que este sea el primer interrogante que se nos venga a la cabeza y que seguidamente se presente el de «¿Cómo hacer para que deje de portarse así?». Es natural que estas sean las primeras dudas, pero sabemos que empezar a pensar desde un punto de partida distinto nos garantiza alcanzar, antes y mejor, respuestas a nuestras preguntas.

Para ello, distinguir entre un acto agresivo o violento es la ruta más adecuada. Existen múltiples estudios, investigaciones y teorías sobre los conceptos de agresividad y violencia. Realmente hay diversos enfoques que explican sus orígenes, perspectivas biológicas, sociales, culturales, psico-sociales, educativas, genéticas, patológicas y un largo etcétera. Todas ellas son interesantes y aportan gran cantidad de datos y puntos de vista a tener en cuenta, pero lo que yo le propongo no es hacerse un experto en este campo, más bien le animo a que usted se familiarice con una idea general y clarificadora de qué es cada uno de los dos conceptos. Violencia y agresividad. Y lo más importante, que pueda identificarlos cuando se estén dando en su hogar o en su entorno. Si al final usted es capaz de analizar las conductas violentas y diferenciarlas de las conductas agresivas, será un todo un logro del que sentirse orgulloso. Por ello, para empezar, cuando explico a los padres las diferencias básicas me suelo apoyar en un organismo bien destacado.

La definición de violencia de la Organización Mundial de la Salud, recogida en su «Informe Mundial sobre la Violencia y la Salud» de 2002, dice lo siguiente: La violencia es «el uso intencional de la fuerza física, amenazas contra uno mismo, otra persona, un grupo o una comunidad que tiene como consecuencia un traumatismo, daños psicológicos, problemas de desarrollo o la muerte».

Por lo tanto, la principal diferencia entre la violencia y la agresividad es la intencionalidad. La línea que separa una de otra es realmente delgada y muchas veces se solapan, así pues, podemos concluir que una conducta que no conlleva intencionalidad es una conducta agresiva, mientras que una conducta que ha sido planificada y pensada, es decir, en la que existe intencionalidad consciente, es una conducta violenta.

Una de las primeras tareas que debemos realizar cuando analizamos conductas o comportamientos de nuestros hijos es saber hasta qué punto un determinado acto es una respuesta automática de defensa o si esa respuesta ha tenido una intencionalidad premeditada. Consideraremos que los actos de nuestro hijo o hija son violentos cuando sean intencionados. Si se mantienen en el tiempo, convirtiéndose en periódicos, entonces estamos entrando en una dinámica preocupante que requiere respuestas. Cuando estos actos están dirigidos hacia los padres o familiares adultos, el acuerdo general es enmarcarlos bajo el término de «Violencia intrafamiliar» o «Violencia filio-parental».

Dada la importancia de la primera fase de análisis y evaluación, realizar un autorregistro será fundamental, tanto para observar en el momento actual qué está ocurriendo como para en el futuro tener datos objetivos que aporten una buena perspectiva. Si bien en el capítulo seis hablaba de los beneficios de realizar un diario en el que recoja la relación con un hijo, ahora cuando se trata de hablar de violencia, quizás hay que dejar de lado la idea de la recomendación y recibirla como una herramienta fundamental para un futuro cercano. Como podrá observarse en el desarrollo de la actividad propuesta a continuación, el registro tiene un fin bien definido y es que sea una herramienta que nos aporte luz y perspectiva cuando la revisemos más adelante en el futuro. Es sorprendente cómo pasa el tiempo de rápido cuando se analiza el pasado y cómo parece que no transcurren las horas o los días cuando estamos inmersos en dinámicas claramente negativas. Disponer de un registro en el que se hayan anotado la periodicidad de las conductas agresivas o violentas, la tipología de las mismas, su posible naturaleza y el estado emocional durante el transcurso de las mismas será fundamental en el futuro para poder analizar con criterios objetivos qué está sucediendo realmente. Efectivamente, a nadie le apetece sentarse a redactar todo esto en mitad de los conflictos con un hijo adolescente, de hecho, pudiera parecer que requiere de un punto de distancia y frialdad emocional complejo, pero justamente uno de los efectos que busca es evitar alcanzar ciertos niveles de frialdad o de anestesia emocional que no son positivos a largo plazo. Si recuerda el capítulo centrado en las emociones, tendrá en cuenta la importancia de ser capaz de reconocer la emoción que estamos sintiendo en cada momento; poder llevar a cabo un autorregistro siempre va a acabar reflejando el estado emocional real del momento.

Por todo ello, le propongo una actividad inicial que tiene por excusa trabajar específicamente sobre la diferencia entre los conceptos de violencia y agresividad, pero que, como hemos visto, va mucho más allá.

Actividad

Durante la próxima semana esté muy atento a las conductas de su hijo o hija. Cuando aparezca una conducta negativa, analice profundamente si ese acto ha tenido carácter de intencionalidad o no: si su hijo era plenamente consciente de lo que hacía o si, más bien, ha sido una respuesta automática o de defensa. Anótelo con detalle: conducta, fecha, hora, causas del mismo, cómo finalizó...

Este ejercicio se llama autorregistro y será muy importante para el futuro, tanto para usted como para los posibles profesionales que puedan trabajar con su familia.

8.
Naturaleza de la violencia intrafamiliar. ¿Por qué es violento mi hijo?

«No son los males violentos los que nos marcan, sino los males sordos, los insistentes, los tolerables, aquellos que forman parte de nuestra rutina y nos minan meticulosamente como el tiempo».

EMIL CIORAN

Una vez entendidos ambos conceptos de violencia y agresividad, la siguiente pregunta que nos podemos plantear es «¿Por qué nos pasa esto?». Responder a esta pregunta no es tarea sencilla, pero la experiencia me ha enseñado que cuando un hijo o hija adolescente presenta conductas violentas suele explicarse desde tres perspectivas. Estas no son excluyentes, pueden presentarse combinadas y desde luego descifrar cuál es en cada caso es una tarea muy complicada, quizás la más difícil a la que me enfrento con cada familia, pero es fundamental entender qué está pasando y por qué se comporta de esa determinada manera un hijo. Las tres perspectivas sobre las que trabajo son:

- Violencia instrumental
- Violencia reactiva
- Violencia patológica

Violencia instrumental

Este es el modelo de violencia filio-parental que solemos tener en la memoria, ya que es el más proyectado por los medios de comunicación y programas de televisión. Sin embargo, desde mi experiencia, le puedo confirmar que no es el más común. Técnicamente, es la tipología por la que una persona utiliza la violencia como instrumento (medio) para alcanzar un objetivo (fin) determinado. Tiene especial relevancia la necesidad de planificación para idear la estrategia a llevar a cabo, cuanto más compleja y perfeccionada se muestra la estrategia, mayor es la dificultad para atender e intervenir en este perfil.

Un ejemplo:

El hijo de José Domingo quiere algo concreto (por ejemplo, dinero) o un beneficio (por ejemplo, salir de fiesta sin horario de llegada a casa) y como no lo consigue dialogando, decide imponerse por la fuerza utilizando el miedo como mecanismo para conseguir sus objetivos.

Cuando un hijo o hija no consigue sus objetivos y no aprende a alcanzarlos de manera ajustada a las normas convencionales, se frustra y la ira se hace dueña de sus emociones. La ira se puede manifestar de distintas maneras, una de ellas es ideando un plan para obtener sus beneficios. Cuando los alcanza, se calma y regresa a un ilusorio estado de tranquilidad, con posible ausencia de remordimientos o asunción de responsabilidades. Cuando no los alcanza, simplemente la ira pide refuerzos, esto es, más cantidades de ira, las que sean necesarias hasta alcanzar el objetivo. Si se acuerda del primer capítulo en el que insistía tanto en la necesidad de disfrutar de una adecuada inteligencia emocional, aquí se evidencia la relevancia de esta capacidad.

Violencia reactiva

A lo largo de mis años de experiencia y dedicación trabajando con familias inmersas en estas dinámicas, la violencia reactiva es la protagonista indiscutible casi todas las veces, pero paradójicamente es la más difícil de detectar. Al inicio de cada caso con el que me enfrento, en la primera fase de la intervención suele ser más fácil explicar la violencia desde la perspectiva instrumental, pero poco a poco, cuando se van traduciendo y analizando en profundidad las dinámicas familiares, sale a relucir el peso específico de esta tipología de violencia. Por cierto, cuando aquí los profesionales disfrutamos de «autorregistros» realizados por los padres en el pasado, celebramos la herramienta puesta a nuestro alcance y normalmente progresamos con mayor celeridad, si no disponemos de ella, lo normal es que la solicitemos y animemos a que se inicie.

La idea clave para entender esta tipología sería la siguiente: nuestro hijo o hija «reacciona» ante las «acciones» que van dirigidas hacia él o ella. Es decir, está traduciendo acciones de terceras personas en agresiones hacia sí mismo, por lo que reacciona con acciones violentas para defenderse. Puede que esas acciones sean injustas, pero también puede ser que sean justas y que él o ella las esté malinterpretando. Un ejemplo siempre resulta clarificador:

> Chicho ha quedado para salir con unos amigos por la tarde y por la mañana su padre le dice que le acercará en coche, pero al final el padre no puede porque ha ocurrido una urgencia en el trabajo. Chicho, al ver que va a llegar tarde, «entiende» que el padre le está agrediendo por no cumplir con el trato al que habían llegado y le responde con insultos.

Tal y como se puede observar, el quid de la cuestión está en que el hijo aprecia o traduce ciertas acciones en ataques hacia él, lo sean o no. Cuando estas interpretaciones se mantienen en el tiempo, la agresividad acaba explotando en conductas violentas, es decir, se pasa de un estado semiinconsciente a un estado consciente en el que decide ser violento como respuesta a las supuestas agresiones sufridas. En el peor escenario, todo acaba derivando en un adolescente que sistemáticamente «traduce o siente» cualquier acción en una agresión hacia él o ella, y esto último es muy importante, porque se entra en una espiral en la que todo parece molestarle y todo lo interpreta como un ataque hacia él. Es a partir de este momento cuando se ve el reflejo de la violencia como instrumental. Como se ve, es muy complejo poder tener una mirada amplia y diferenciar cada vez si el hijo cree que ha recibido una agresión o si ha premeditado y por lo tanto instrumentalizado la violencia.

Violencia patológica

Esta perspectiva indica que puede existir una enfermedad o un trastorno. En ocasiones, puede tratarse también de una patología dual, es decir, cierta patología mental junto con un problema de adicción. Según el nivel de gravedad, de intensidad y de complejidad de dicha patología, y dependiendo del carácter de la misma, las conductas violentas del hijo se entienden desde la aceptación de la existencia de un trastorno mental o de una adicción, que debe ser tratado bien desde el plano psicológico, desde el psiquiátrico o desde ambos. No obstante, hay muchas y diversas patologías, enfermedades o importantes complicaciones psicológicas que pueden explicar o ayudarnos a entender el porqué de la violencia, no se necesita focalizar exclusivamente en los trastornos graves. De nuevo, con un ejemplo se puede entender mejor:

Álvaro entra en casa de la calle bajo los efectos del consumo de sustancias tóxicas. Ve en el salón a su padre y a su hermano sentados viendo la televisión y riéndose con una película de humor. Álvaro les agrede físicamente argumentando que los dos se estaban riendo de él.

Es importante ser claro en este sentido: una persona con un trastorno de la conducta o de la personalidad no tiene que ser violento *per se*. No. Un hijo con un trastorno mental o con inestabilidad psicológica podría llegar a presentar conductas violentas si no estuviera adecuadamente tratado, ya que su cerebro podría interpretar e identificar códigos de relación erróneos en la dinámica familiar y podría intencionadamente cometer actos violentos. La patología no atendida adecuadamente aquí es el germen de esas conductas violentas, pero quiero insistir en que no siempre guarda la famosa relación causa–efecto.

Llegar a descifrar cuál es la tipología de la violencia es, sin duda, un ejercicio extraordinariamente complejo. Como he indicado anteriormente, los profesionales que nos dedicamos en exclusiva a este campo a menudo tenemos dudas y erramos. No obstante, dedicarle suficiente tiempo para intentar clarificarlo puede ahorrarnos un tiempo crucial en el futuro, por ello, le planteo la siguiente actividad.

Actividad reflexiva

Responda y reflexione sobre las siguientes cuatro preguntas:

1. ¿Mi hija presenta alguna adicción o consume sustancias tóxicas?

2. ¿Puede presentar mi hijo algún trastorno psicológico?

3. ¿Entiende mi hija que mis acciones o decisiones solo buscan su bienestar?

4. ¿Se calma cuando consigue lo que quiere?

Una vez haya respondido a estas preguntas, le propongo que vuelva a leer este capítulo y reflexione analizando la realidad de su situación.

9.
Niveles de gravedad.
¿Es crítica mi situación?

«En los momentos de crisis, solo la imaginación es más importante que el conocimiento».

ALBERT EINSTEIN

Llegados a este punto, usted ya sabe qué es la violencia, la diferencia con la agresividad y además puede analizar la naturaleza de la violencia intrafamiliar, por lo tanto, está preparado para llevar a cabo un proceso de autoanálisis de su situación en casa, con su hijo o hija adolescente. Tras años de dedicación a la intervención con dinámicas de violencia dentro de la unidad familiar, he elaborado una «escala de gravedad» que le ayudará a visualizar su situación.

Como verá, la pirámide de la página siguiente está dividida en tres áreas que representan el nivel de gravedad de las conductas desajustadas de un hijo en casa. Normalmente, va incrementándose de manera progresiva y correlativa, es decir, escalón a escalón. Metafóricamente hablando, las conductas van subiendo como si fuera un ascensor, piso a piso

La pirámide de la discordia

con velocidad constante, es raro pasar de la base de la pirámide a la cúspide directamente, pero puede suceder, por lo que entender adecuadamente esta pirámide es fundamental para poder tener una perspectiva global de dónde nos situamos y a dónde podemos llegar.

Cuando una familia solicita ayuda porque su hijo o hija no se comporta bien en casa, una de las primeras cosas que los profesionales queremos saber es «qué está haciendo mal ese hijo o hija adolescente». Lo que normalmente nos encontramos son respuestas en las que los niveles de gravedad e intensidad están confusos y desordenados, a veces se otorga más importancia a actos poco relevantes y viceversa. Esto es normal y lógico, ya que los padres y madres acuden a consulta bajo altos niveles de ansiedad que dificultan analizar objetivamente el escenario.

Dos ejemplos:

Alma es la madre de un hijo de doce años que acude a intervención con un nivel de ansiedad elevado y de desesperación. Explica en la primera sesión que su hijo es muy violento y que la convivencia se está volviendo imposible. Tras la exploración inicial, se evidencia que su hijo le habla mal constantemente, que no colabora en ninguna de las tareas de la casa y que, además, hace mucho tiempo que no muestra un acto de cariño hacia su madre.

Clementina es la madre de una chica de quince años que acude a intervención descontenta con el rendimiento académico de su hija y con el poco cariño que le muestra. Explorando, resulta que lo que en principio más preocupaba a Clementina era el distanciamiento con su hija, pero rápidamente salen a relucir que los supuestos «malos modos» eran en realidad empujones, insultos, robos en casa y amenazas.

Si lo analizamos adecuadamente, podemos ver que Alma sentía que la situación en su casa se acercaba al tercer nivel, el de mayor gravedad, pero con el transcurso de la intervención se detecta que en realidad se encuentran en el primer nivel. Por otro lado, Clementina sentía que el rendimiento en el instituto era el principal problema de su hija, pero la realidad es que detrás del ámbito académico existe un nivel de violencia explícito. Ambos son ejemplos un poco exagerados, pero son reales y útiles para entender lo importante que es saber detectar en qué nivel de gravedad nos encontramos realmente.

Para animarle a realizar la siguiente actividad siempre utilizo la misma metáfora: piense que usted se encuentra en una situación económica negativa, no es lo mismo pensar que está atravesando un mal momento que saber exactamente cuánto dinero está por debajo de lo que necesita. Con la herramienta del autorregistro propuesta en el capítulo anterior, si la ajustamos a esta metáfora, usted podrá ver detalladamente sus gastos y sus ingresos para saber en qué nivel de gravedad se encuentra. No es lo mismo saber que simplemente debe restringir las comidas de los restaurantes cada mes que darse cuenta de que debe mudarse a una casa más barata porque no puede pagar la actual. En nuestro caso, no es lo mismo confirmar que está en la base de la pirámide que darse cuenta de que ha superado ya todos los niveles. Técnicamente este capítulo es fundamental, así que le animo a que verdaderamente se implique en la siguiente actividad de carácter analítico. Ser consciente de dónde se sitúa su dinámica familiar es literalmente no estar perdido o, lo que es lo mismo, es el primer paso para encontrar el camino correcto.

Actividad analítica

Durante una semana, anote las conductas «malas» de su hijo o hija en casa y asígneles uno de los tres niveles de la pirámide de la discordia.

Si predominan conductas del **bloque inferior**: pruebe a multiplicar el tiempo que está compartiendo con su hijo o hija, probablemente solamente quiere que usted esté un poco más con él o con ella y no sabe cómo pedírselo.

Si predominan conductas del **bloque medio**: ponga en marcha los ejercicios de esta guía, le propongo que continúe con su ejercicio de reflexión, sin duda usted está capacitado para encontrar las respuestas adecuadas, porque su hijo o hija le está queriendo decir algo y no sabemos qué es. Centrarse en descubrir el mensaje es la clave. Si continúa la dinámica negativa, plantéese buscar ayuda.

Si predominan conductas del **bloque superior**: acuda ya a un especialista. La realidad es que la violencia explícita necesita intervención inmediata. No se extingue de repente, todo el recorrido que usted ha caminado será beneficioso, pero hace falta ayuda específica.

10.
¿Quién tiene la culpa de todo esto? Responsabilidad vs. culpabilidad

«Mucho tienen que hacer los padres para compensar el hecho de tener hijos».

FRIEDRICH NIETZSCHE

Muchos padres y madres me preguntan insistentemente si ellos son los culpables de la situación o quieren respuestas para saber quién es el culpable, por ejemplo, de que su hijo o hija haya «entrado en las drogas». Como padres y madres, desde el mismo momento en que hemos decidido serlo, somos responsables de buena parte de las cosas que le pasen a nuestro hijo o hija, pero no hay que confundir esta valoración con la de ser culpables de todo lo que haga o le pase a nuestros hijos, ya que son dos conceptos realmente distintos. Para poder responder a la pregunta que comúnmente se plantea en intervención, como profesionales siempre realizamos un exhaustivo análisis de la dinámica familiar, al igual que la que usted está realizando capítulo tras capítulo. Para afinar bien la respuesta, primero es necesario diferenciar entre responsabilidad y culpabilidad.

Centrándonos en el contexto familiar, me gusta resumir ambos conceptos de una manera menos técnica y más práctica, pero es fundamental tener siempre presente y comenzar por la teoría. Entendemos como responsabilidad la acción de «hacerse cargo de un determinado acto y de las consecuencias que suponen para terceras personas». Entendemos como culpabilidad la circunstancia «por la que una persona comete una acción que ha causado daño de manera consciente a una tercera persona». Una relectura detenida de este párrafo resulta ciertamente clarificadora.

Al igual que sucede con las diferencias entre violencia y agresividad, existe una delgada línea que separa a ambos conceptos. Según las circunstancias, puede llegar a ser muy complejo diferenciar ambas. Veamos dos escenarios con un par de ejemplos cada uno e intentemos reflexionar sobre las diferencias sutiles.

Primer escenario:

1. Fernando está viendo la televisión sentado en su sofá, cuando su hijo de diez años se levanta, se va a la cocina, empieza a hacer ruidos y de repente vuelve con un corte en la mano sangrando.
2. Fernando está viendo la televisión, cuando su hijo de diez años vuelve de la cocina de intentar coger algo de comida,

con la mano sangrando. Al verle, su padre le grita muy asustado: «Pero ¿estás tonto o qué te pasa? ¿No te he dicho mil veces que no cojas los cuchillos? No sé en qué piensas cuando te hablo».

Este padre no quería que su hijo se cortara la mano en ninguno de los dos ejemplos. Es evidente. En el primero, es RESPONSABLE, ya que es su deber supervisar a su hijo y estar atento para que no le pase nada grave. En el segundo ejemplo, es RESPONSABLE del corte que se ha hecho su hijo porque tenía que haber estado atento a lo que hacía, pero, además, es CULPABLE del daño posterior que le ha ocasionado insultándole y hablándole mal. En ninguno de los dos casos es culpable del corte en la mano.

Segundo escenario:

1. Vega está viendo cómo su hijo de doce años no recoge la habitación y se pone a jugar con el ordenador. Ella entra en la habitación, le indica que debe recoger, pero ante la negativa del hijo, se para delante de la puerta y le ordena que apague el ordenador. El hijo le grita que salga de su habitación, la madre le responde asertivamente con lo que debe hacer, su hijo enloquece y tira el ordenador al suelo de la rabia.
2. Vega está viendo cómo su hijo de doce años no recoge la habitación y se pone a jugar con el ordenador. Ella entra en la habitación, le indica que debe recoger, pero ante la ne-

gativa del hijo, se dirige hacia el ordenador, lo desenchufa de la pared y le empieza a gritar: «Eres un vago y un guarro con la habitación como la tienes». El hijo le grita que le deje en paz y entonces la madre le grita más aún, le coge del brazo y le castiga sin ver la televisión durante una semana.

En ambas situaciones, la madre es RESPONSABLE de la situación ya que es ella quien establece las normas y quien debe velar por que se cumplan. Es una responsabilidad que se remonta a años atrás y a la situación en la que ha desembocado. En el primer ejemplo, no ha podido controlar la situación, sin embargo, también es responsable de mantenerse como una figura de referencia para su hijo al no perder el control. Es RESPONSABLE de lo bueno y de lo malo. En el segundo ejemplo, no ha podido controlar la situación y además ha perdido los nervios, se ha mostrado impulsiva, ha utilizado la fuerza y ha gritado ella la primera. La madre es RESPONSABLE del incremento de la gravedad del problema y CULPABLE del daño asociado.

Para terminar de interiorizar bien las diferencias entre responsabilidad y culpabilidad, debemos entender para qué es bueno diferenciarlas. Cuando una persona es responsable de una circunstancia, quiere decir que debe preocuparse y ocuparse en el futuro de las consecuencias derivadas de esa circunstancia. Cuando una persona es culpable de una circunstancia, quiere decir que debe preocuparse y ocuparse en el futuro de las consecuencias derivadas de esa circunstancia y además debe reparar el daño causado en la tercera persona.

Actividad reflexiva

Escoja un periodo de tiempo desde hoy hacia atrás que usted pueda recordar fácilmente. Por ejemplo, desde hace una semana hasta hoy. Ahora analice todos los conflictos que haya podido tener con su hijo o hija.

Reflexione si alguna de sus propias conductas, actitudes o actos han causado daño a su hijo o hija. Medite sobre los conflictos y decida si usted ha sido responsable de lo bueno y de lo malo o culpable de los mismos. Si en alguno de ellos ha sido culpable, ¿ha restaurado ya el daño causado? ¿Todavía no? Independientemente de si ahora mismo usted está enfadado con su hijo con motivos más que argumentados, si en algún momento usted ha causado daño es importantísimo reparar ese daño. De hecho, es una de las mejores enseñanzas que le puede regalar a su hijo. Este podría ser un buen momento.

BLOQUE III.
Resolviendo conflictos

«Todo hombre sabio teme tres cosas: la tormenta en el mar, la noche sin luna y la ira de un hombre amable».

PATRICK ROTHFUSS

¿Le cambiamos de instituto?

Drogas - malas influencias

Está enganchado al móvil

¿?

¿Hablamos de sexo? No nos gusta su pareja

¿Le damos paga? ¿Cuánto?

No sale de su habitación

Llegados a este punto estoy convencido de que usted ya dispone de las principales herramientas para llevar a cabo un maravilloso ejercicio de prevención de conductas desajustadas de sus hijos. Quizás la herramienta más importante de todas ellas es tener siempre presente una de las claves que recordará bien, «No hay mejor arma contra las armas que el amor», lo que quiere decir que cuando se enfrente a situaciones complejas o cuando las conductas y las actitudes de su hijo sean incomprensibles, probablemente una buena dosis de amor incondicional será la mejor de las respuestas. Aun así, en el día a día, nos vamos enfrentando a situaciones muy puntuales y específicas que de repente no sabemos muy bien cómo solucionar, de hecho, a mí me pasa continuamente tanto en mi labor profesional como en mi rol de padre. Normalmente nos bloqueamos por el miedo, la tristeza o la rabia y es ahí cuando nos olvidamos de reflexionar y queremos encontrar la mejor solución de manera inmediata.

A continuación quiero transcribir algunas situaciones, dudas y preguntas reales que me trasladan los padres y madres de manera reiterativa. Es decir, la gran mayoría de ellos en algún momento de la intervención me plantean estas grandes dudas. Son situaciones que generan un alto nivel de ansiedad y preocupación, porque parece que la decisión que cada pregunta genera va a ser vital para el desarrollo del hijo o hija adolescente. La realidad es que no se puede dar una receta mágica para cada una de las preguntas o dudas que se nos presentan. Es decir, cada caso, cada hijo, cada hija y cada unidad familiar tiene unas características específicas y cada contexto es único. Por poner un ejemplo, no oriento de la misma manera a una familia que a otra cuando me preguntan por la cantidad de paga que deben darle a su hijo o hija, aunque tengan la misma edad. Por ello, cada vez que se me plantea una de estas dudas comunes analizo todas las variables e intento ajustar lo mejor posible la orientación. No obstante, casi siempre la mejor respuesta es la que los padres y madres tienen en su interior, muchas veces mi principal labor es acompañarles en el proceso de reflexión y de decisión de un criterio que mejor se ajuste a su estilo educativo.

Si recuerda el capítulo en el que se desarrollaban los estilos educativos, no hay unos estilos educativos mejores que otros, con las excepciones que usted ya conoce. Es decir, un padre marcadamente autoritario tomará una decisión ante una misma cuestión, que será diferente a la de una madre marcadamente protectora. Y es probable que las dos sean acertadas, seguramente el método erróneo sería que intentásemos que se adopten decisiones concretas en una familia cuando no encajan con el estilo educativo del padre y de la madre. Como ya habrá entendido, y poniendo un ejemplo, si Carolina (madre autoritaria-punitiva de Luca) y si Carmen (madre protectora-diplomática de Marc) plantean si deben castigar a su hijo sin salir este fin de semana, la orientación tendrá que estar basada en el estilo educativo de cada una de ellas, en el sistema normativo de la casa y además en el conocimiento de las conductas y actitudes de sus hijos en ese momento concreto. Es decir, no hay respuesta general.

Cuando me paro a reflexionar sobre todas las dudas y situaciones que son más comunes, empiezan a brotar preguntas muy recurrentes y es muy difícil poder llegar a realizar un resumen breve, así que he decidido agruparlas en cinco grandes temáticas. En primer lugar y en el papel protagonista, todo lo que tiene que ver con la dinámica familiar en general y con los pequeños conflictos que surgen al convivir en casa. En segundo lugar, el ámbito escolar, es decir, todo lo que tiene que ver con el colegio, el instituto y los estudios. En tercer lugar, el mundo de las drogas, siempre tan difícil de abordar. En cuarto lugar, el uso y el abuso de las tecnologías. Por último, en quinto lugar, todo lo que tiene que ver con las relaciones sociales, amistades y parejas, fundamentalmente. Puede ser que usted se vea identificado en algunas de las circunstancias que voy a desarrollar o puede ser que sus hijos todavía no hayan llegado a la edad a la que hacen referencia los ejemplos, sea como sea, veo muy oportuno prestar atención a cada situación. Posiblemente, no esté nada de acuerdo con el planteamiento que expongo, lo cual en sí mismo ya estará generando un efecto positivo, ya que no hay nada más útil que confirmar las convicciones de uno mismo, pero tampoco está nada mal confrontarlas de vez en cuando. Por otro lado, a lo mejor está de acuerdo con el planteamiento teniendo exactamente los mismos efectos indicados anteriormente.

Espero y deseo que estas respuestas breves le ayuden aún más en la relación con su hijo, pero como siempre le invito a que las lea con detenimiento y realice un ejercicio de debate consigo mismo analizando bien su postura o, lo que es lo mismo, que usted reflexione sobre ellas, porque estoy convencido de que el ejercicio de reflexión que intento promover es la llave para que usted pueda desbloquear esas situaciones que parecen no tener respuesta.

Usted es quien mejor conoce a su hijo y a usted mismo, por lo que realmente es usted quien sabrá encontrar mejor que nadie un camino feliz para todos en casa.

11.
En casa.
No nos deja entrar
en su habitación

«Y mis padres por fin se dan cuenta de que he sido secuestrado y se ponen en acción rápidamente: alquilan mi habitación».

WOODY ALLEN

Compartir la vida es una de las mayores riquezas de las que se puede disfrutar. Realmente no me refiero a compartir la convivencia en una casa, sino a lo que el concepto quiere significar en su globalidad. Es decir, es perfectamente factible que usted viva solo en su casa y que, sin embargo, comparta su vida con sus seres queridos. Somos seres sociales por naturaleza y, al final, siempre tendemos a querer compartir nuestras inquietudes, nuestros espacios, nuestras vivencias, en definitiva, siempre queremos compartir nuestro amor. Sin embargo, cuando compartimos nuestro espacio, es decir, cuando residimos en una casa con más personas, miembros de nuestra familia en este caso, los beneficios y las dificultades se multiplican. Todos somos conscientes de que cuando uno vive solo en una casa difícilmente podrá tener problemas de convivencia con nadie, bueno, con uno mismo y en última instancia con los vecinos, pero realmente no se enfrenta al concepto de compartir el espacio para lo bueno y para lo malo. Regresando a una de las ideas expuestas en capítulos anteriores, no está mal partir de la premisa de que el hecho de que estemos compartiendo espacio con nuestros familiares es una decisión personal tomada en el pasado, lo que conlleva cierto número de responsabilidades que debemos asumir. La convivencia en pareja es una decisión asumida por dos personas que quieren compartir su vida y su espacio, estando ambos en el mismo nivel de responsabilidades y en igualdad de condiciones. Con el paso del tiempo, esa pareja va aprendiendo a convivir, a repartir las responsabilidades, a reservarse espacios y momentos para la persona individual y para la pareja y poco a poco va conociéndose de manera mucho más íntima. Si pensamos con detenimiento en cualquier pareja que conviva junta, no es lo mismo el primer año de convivencia que el noveno año, por ejemplo. No sabemos si al noveno año siguen existiendo las discusiones por ver quién es el encargado de limpiar el baño, pero lo normal es que poco a poco esa pareja se haya ido conociendo y que, por lo tanto, las rutinas ya estén bien establecidas. De hecho, si pensamos en una pareja que lleve conviviendo veinte años, por ejemplo, rápidamente podemos imaginarnos una pareja con sus conflictos normales, pero en donde las rutinas de convivencia ya están bien establecidas.

Me gusta detallar bien todo esto porque es oportuno no perder de vista este concepto cuando entramos a hablar de la convivencia en casa con un adolescente. De manera general, una pareja se conoce, empieza a convivir un tiempo y más adelante se produce la llegada del primer hijo. Esto sería la generalidad, que evidentemente tiene sus matices, pero de manera global parece que este es el esquema en el tiempo más común. Considero productivo pararse un momento en un ejemplo de una pareja cualquiera. Anabel y Alberto son una pareja de novios desde la juventud, tras unos años de noviazgo deciden empezar a convivir juntos, posteriormente se casan y tras un tiempo de, por ejemplo, cinco años, nace su primera hija. Viendo este ejemplo en concreto, podemos asumir que la relación entre Anabel y Alberto ha pasado por varias fases en lo que al amor tiene que ver y en lo que a dinámica de pareja se refiere. Centrándonos en lo segundo, sabemos que no es lo mismo esa pareja de jóvenes que se estaba enamorando de la que quedaba para pasar la tarde juntos, de la que empezó a convivir los primeros meses ni mucho menos de la que llevaba ya cuatro años compartiendo hogar. Esta dinámica nos muestra claramente que se atraviesa por fases muy distintas, afrontando problemas que cada vez conllevan más responsabilidades. Sin embargo, en el momento en que nace el primer hijo parece que la vida anterior era un espejismo y el concepto «tiempo» empieza a tomar una dimensión muy extraña.

A lo largo de mis años he podido disfrutar enormemente de las anécdotas muy similares que padres y madres recordaban de su propia adolescencia. Realmente hemos compartido y disfrutado momentos de verdadero humor viendo viejas fotos de su adolescencia, por ejemplo. Me detengo en esta circunstancia porque el paso del tiempo desde el nacimiento del primer hijo es una cuestión sorprendente; en numerosos casos, cuando un hijo o hija se acerca a la edad preadolescente es como si volviese a nacer, me refiero a que de repente el hijo o hija que nosotros conocíamos empieza a ser una persona que en ocasiones no conocemos. Justamente ahí es donde radica gran parte de la complejidad de entender la adolescencia, nuestras mentes de padres viendo a nuestros hijos nos preguntan algo así como «¿Pero este tipo que está tirado en el sofá y que era mi niño pequeño ahora quién es?».

Toda esta introducción me parece necesaria para poder recalcar tres ideas fundamentales antes de adentrarnos en algunos conflictos que de manera general suelen producirse a raíz de la convivencia con un adolescente. El primero de ellos está basado en la idea de tiempo ya explicada anteriormente, y es que parece que ha pasado una eternidad desde que nosotros mismos éramos adolescentes. El segundo de ellos, centrado precisamente en esa idea, no debemos olvidar que nosotros también fuimos adolescentes. Cuando propongo en ocasiones que los padres vean con sus hijos fotos de la adolescencia de los padres, en numerosas ocasiones se repite la misma frase en los hijos de «¡Madre mía!, y luego dices que soy yo la que llevo unas pintas terribles». El tercer concepto está basado en que es una época de profundos cambios y que, sin embargo, en menos de diez años todo habrá pasado y la perspectiva será muy distinta. El tiempo sí pasa volando en la adolescencia.

A la hora de afrontar problemas como los que voy a desarrollar, me gustaría que usted tuviera en cuenta que solamente hay dos escenarios en los que sus decisiones pueden ser muy negativas para el desarrollo futuro de sus hijos. El primer escenario sería si adopta decisiones de carácter negligente. El segundo escenario se daría si se posiciona usted como un adulto ausente, es decir, que precisamente abandone a su hijo o hija durante esta etapa de sus vidas tan decisivas. Si no entiende bien estos dos escenarios, le propongo que revise el capítulo de los estilos educativos en el primer bloque.

La realidad es que durante estos años de dedicación a la intervención con adolescentes y sus familias se han repetido constantemente ciertas cuestiones o situaciones independientemente de los ámbitos en los que estuviera interviniendo (¿por qué demonios a casi todos los adolescentes les cuesta tantísimo recoger su plato después de cenar?), por lo que creo que puede ser productivo analizar cada una de ellas, siempre desde una perspectiva general, con el máximo de los respetos a cada situación y teniendo presente que no hay una respuesta mágica, cada familia y cada hijo requiere una atención individualizada. Así que ya conoce mi manera de abordar cada situación, simplemente pongo de manifiesto las líneas filosóficas o mi parecer en líneas generales para que usted las traduzca a su situación concreta y específica.

¿Por qué mi hijo no sale de su habitación?

Empiezo por una de las circunstancias que suelen generar grandes niveles de ansiedad y de preocupación en los padres cuando es llevada al extremo. Todos entendemos que cuando un hijo entra en la etapa de la adolescencia, su habitación constituye un espacio fundamental para su desarrollo y todos los padres comprenden que su hijo quiera pasar determinado tiempo dentro de su habitación, buscando lógicamente un espacio de privacidad y de cierto aislamiento de sus familiares. Hasta ahí, no suele haber problemas, pero hay ciertas conductas que nos hacen pensar o sospechar que el comportamiento de nuestro hijo no es muy normal. Por ejemplo, que pase demasiado tiempo dentro de su habitación, que no deje a los padres entrar, que tengamos la sospecha de que esconda cosas peligrosas en la habitación, que el desorden ya empiece a acercarse a límites cercanos de perjuicio para su salud, que no sepamos qué cosas está haciendo en la habitación o, por ejemplo, en alguno ya de los extremos, que bloquee la entrada a la habitación interponiendo muebles en la puerta para que los padres no puedan abrirla. Este último ejemplo, quizás en un nivel de gravedad alto, es mucho más común de lo que quizás se puede creer.

Antes de posicionarse ante cualquiera de estas conductas o comportamientos siempre será necesario realizar un pequeño ejercicio de análisis de las circunstancias concretas, como puede ser si comparte la habitación con hermanos o no, si esos hermanos son mayores o menores, si son del mismo sexo, el tamaño de la habitación, la ubicación exacta de la habitación dentro del hogar, las características de las ventanas y la accesibilidad desde el exterior, la altura de las ventanas desde el exterior… Quizás le parezca excesivo ponerse a analizar dichas circunstancias, pero mi experiencia me ha confirmado que usted como padre debe tener bien en cuenta estas circunstancias antes de tomar decisiones. En mis años de intervención profesional, en ocasiones he pedido a los chicos y chicas con los que trabajaba que dibujaran un mapa o un plano de la casa que siempre ha resultado ser de gran utilidad, quizás no sea la llave mágica de toda la intervención, pero siempre ha revelado datos que en un principio se pasaban por alto.

Porque no es lo mismo responder a esta cuestión del casi confinamiento en la habitación cuando se trata de una chica de doce años que no comparte habitación y que está situada en la tercera planta de una casa unifamiliar aislada del resto de la familia que del casi confinamiento de una chica de dieciséis años que comparte su habitación con dos hermanas mayores y que la habitación está situada al lado de la entrada del piso pequeño ubicada en la planta baja de un edificio. Como se puede ver, en el primer ejemplo se trata de una menor que por la situación de la habitación será difícil escuchar o supervisar qué pueda estar haciendo si la familia «hace vida» en la planta baja, mientras que en el segundo ejemplo se trata de una adolescente que examinando la vivienda se evidencia que es pequeña y que la habitación se encuentra en un lugar estratégico de la vida familiar por el que difícilmente puede pasar inadvertida alguna conducta de riesgo, más aún si comparte habitación con dos hermanas mayores. En fin, como se puede comprobar es imposible orientar de la misma manera una misma pregunta en dos contextos completamente distintos, todo ello sin tener en cuenta ni el estilo educativo de los padres ni haber comentado el sistema normativo establecido en la casa. Centrándonos simplemente en el primer ejemplo que puede parecer el más complejo de supervisar, si los padres son unos verdaderos referentes para su hija, si mantienen un estilo educativo claramente diplomático, estableciendo unas normas coherentes, si la hija va consultando a sus padres aquellos riesgos a los que se enfrenta y sabe evitar peligros, parecería conveniente suponer que efectivamente simplemente esa hija pequeña está buscando y experimentando mayores niveles de autonomía.

En cualquier caso, sea cual sea su circunstancia, no está mal recordar ciertas ideas, siempre desde el máximo respeto, pero sin perder un toque de humor. Cuando era un bebé no quería salir de la habitación de sus padres. Cuando era un niño pequeño quería que el padre estuviera con él en su habitación jugando toda la tarde, pero en ocasiones el padre no tenía tiempo y ahora que no sale de su habitación y que no quiere que el padre entre han pasado dos cosas. La primera es que está en la preadolescencia o en la adolescencia pura, puede entenderse como un proceso normal. La segunda es una señal de que usted pudiera estar perdiendo su rol de referente. Reflexione sobre ello, piense en cómo recuperar su condición de referente para su hijo y de manera natural saldrá de la habitación para cenar o estar con el resto de la familia. Uno puede querer estar solo en su habitación una temporada cuando ha tenido un fracaso amoroso o por mil razones de la incomprensible adolescencia, pero lo normal es no querer estar solo todo el rato.

¿Le doy paga?
¿Cuánto dinero a la semana?

Esta suele ser una de las preguntas estrella. La respuesta siempre tiene que ir vinculada a la suma de los estilos educativos de los adultos y a la revisión del sistema normativo instaurado en casa, le propongo que revise ambos capítulos pensando precisamente en este concepto de cuánto dinero le da a su hijo. Además, siempre oriento que si se decide establecer una asignación económica periódica, es decir, una «paga», debe ir pensada en relación con el nivel económico de la familia en su conjunto, es bueno que haya consonancia entre el nivel de la familia y la paga asignada. En ocasiones, la presión que ejercen las amistades o las necesidades creadas de la sociedad juegan en nuestra contra. Ante cualquier situación en la que haya dudas sobre cantidades o cuantías, «ir a la baja» suele suponer una buena estrategia de prevención, ya que siempre es más fácil ir subiendo poquito a poco los números que reducirlos. Además, y por último, como reflexión filosófica, un hijo de catorce años, ¿qué necesidades no cubiertas tiene realmente?

No obstante, considero importantes dos aspectos fundamentales a tener en cuenta en esta cuestión.

1. Haya paga o no, sea mensual o semanal, la pauta debe mantenerse en el tiempo. Se toma una decisión y se mantiene. Se puede revisar, pero no se debe alterar aleatoriamente.

2. Lo verdaderamente importante es que usted vaya iniciando a su hijo o hija en el concepto de educación financiera. No tiene por qué saber con quince años si es mejor invertir en bolsa a corto o a largo plazo ni el mecanismo de las «velas chinas», pero sí debería emanciparse conociendo perfectamente las reglas del juego del dinero en el mundo de los adultos. Esto es lo importante, que cuando se vaya haciendo mayor pueda «salir al mundo» siendo consciente de cómo gestionar su economía, esta es la meta a perseguir.

Una última reflexión, conforme el hijo o hija va creciendo y entrando en la adolescencia, sí es un deber fundamental de los padres analizar los gastos de los hijos. Llevar un fiel seguimiento de ello en numerosas ocasiones será clave para prevenir conductas de riesgo, por ejemplo, en el apartado del consumo de sustancias tóxicas. Así que independientemente de la filosofía que usted mantenga como familia respecto al dinero, sí será importante que tenga siempre presente cómo se desenvuelve su hijo con el dinero, cuánto necesita y en qué lo gasta.

¿Le castigo sin que salga de casa este fin de semana?

Si usted se está planteando esta pregunta, es que necesita revisar el capítulo 4, «La caja de herramientas»; le recuerdo que desde mi punto de vista lo relevante es centrarse en cambiar castigos por consecuencias. Una vez claro este concepto, siempre suelo devolver a los padres dos preguntas con esta duda, porque normalmente la reflexión a ambas respuestas suele poner en evidencia la decisión más adecuada para cada familia.

1. ¿Va a ser usted capaz de conseguir que no salga de casa y de sostener emocionalmente su reacción?
2. ¿Va a servir de algo desde el punto de vista educativo?

Lo que persigo con estas dos preguntas de nuevo es reflexionar. El fin de semana es un momento fundamental en el desarrollo y rutina de cualquier persona. Siempre y cuando se estudie o trabaje de lunes a viernes, la realidad es que el fin de semana es un espacio imprescindible para descansar tanto física como mentalmente, y cuando hablamos de la adolescencia o preadolescencia, el fin de semana supone ese momento en el que se puede disminuir el nivel de responsabilidades, pero sobre todo en el que se puede socializar con más tiempo. Esto debe comprenderse bien, porque el proceso de socialización es un aspecto fundamental para el desarrollo de una adolescencia sana. Normalmente, cuando decidimos prohibir que salga de casa el fin de semana, lo hacemos en base a distintas argumentaciones, la primera de ellas como medida para poder paliar posibles peligros a los que creemos que se va a exponer. Por lo tanto, si tenemos argumentos para poder establecer una consecuencia, esta de no salir el fin de semana siempre consigue calmarnos como padres, pero la realidad es que normalmente el adolescente se llena de rabia y de ira porque no hay nada peor que prohibirle socializar. En ningún caso intento posicionarme en contra de decidir que no salga un fin de semana, de hecho, en incontables ocasiones he utilizado esta herramienta en mis negociaciones con jóvenes y adolescentes obteniendo resultados valiosísimos, bien porque haya cumplido su pacto y hayan obtenido la recompensa de salir con sus amigos, o bien porque no lo hayan podido cumplir y el efecto, argumentado previamente, de quedarse en casa el fin de semana ha supuesto un ejercicio de autoanálisis maravilloso. La única reflexión que persigo es que valore usted las características de su hijo o hija, qué efecto educativo quiere alcanzar y si va a ser capaz o no de ajustarse a él. ¿Pudiera ser más beneficioso para su dinámica familiar restringir los horarios de ese fin de semana en concreto? Yo no lo sé, pero estoy seguro de que usted llegará a una conclusión beneficiosa para su familia.

No se quiere venir de vacaciones con nosotros

Efectivamente, es una circunstancia muy común y posiblemente no se esconda ningún peligro ni alarma detrás de ella. Hay una edad a la que empieza a ser normal, de hecho, y siempre con cierta medida, hasta es positivo que esto suceda porque existe un momento en que usted no puede luchar contra los planes que el entorno social de su hijo le proponga. De hecho, es una buena señal que haya veces que escoja otros planes antes que ir con ustedes, pero si nunca quiere ir de vacaciones con la familia y si además es imposible convencerle de que vaya, entonces sí existe un problema, pero el problema no es de su hijo, su decisión nos está diciendo que el plan que usted le propone y su compañía no son estimulantes para él. Bien, trabajen sobre ello, porque se está evidenciando que ustedes como padres no son un referente para su hijo.

Cuando esta circunstancia se da de manera permanente, el foco sobre el que debemos actuar es precisamente el de recuperar nuestra figura de referencia para nuestro hijo. Ahí está la raíz del problema, pararse simplemente a intentar planificar cómo meterle en el coche para que vaya a la playa es improductivo a largo plazo. Que nuestro hijo quiera venir de vacaciones con nosotros es el resultado de ser referentes para el hijo y esto, como ya hemos podido ir aprendiendo, es un trabajo diario, más bien, es el mejor de los trabajos al que usted se podrá dedicar. Claro, pero a menudo la pregunta se plantea cuando el avión prácticamente va a salir y cuando la situación es crítica. En esos momentos de histeria siempre oriento en que la obligación no es un camino recomendable, pero tampoco dejarle que se quede siendo el rey del castillo él solito.

A partir de aquí, es cuando su creatividad como padre entra en juego.

¿Dejamos que se suba a un chico/chica a casa?

Esta es una de las tantas preguntas trampa. Es decir, este es un mero ejemplo de mil preguntas o dudas que se plantean en intervención y que nadie más que los padres pueden decidir.

Cuando se analiza el contexto, las circunstancias y las características del hijo, se puede emitir una valoración, pero la realidad es que esta y otras tantas situaciones similares son conceptos que los padres deben decidir antes de que se plantee el problema en casa. Cuando se trata de un amigo o de una amiga que aparentemente es una buena influencia para nuestro hijo o hija, parece obvio no tener dudas, y, de hecho, nos puede llegar hasta a ofender como padres la pregunta, pero, claro, cuando no sabemos si el que quiere entrar en casa es un posible novio o novia y ni siquiera le conocemos o de repente vemos que tiene unas pintas horribles o cualquiera de las mil circunstancias raras que nos pudiéramos imaginar, ahí es cuando nace la duda.

Teniendo muy en cuenta que no hay una decisión técnicamente correcta y que esta decisión es una de las tareas absolutamente de competencia de los padres, hay una idea que suelo repetir y que en ocasiones es de gran ayuda. Recordando ideas ya expuestas en apartados anteriores, en esta situación es conveniente realizar un ejercicio de descarte, ser conscientes de si nuestro hijo se va a exponer a un riesgo o a un peligro. Los riesgos es bueno que los afronte él, pero hay que ayudarle a evitar peligros. A partir de aquí es su decisión, sin olvidar que en la práctica totalidad de ocasiones en las que un adolescente quiere subir a un amigo o amiga a casa está lanzando un claro mensaje que es importante descifrar.

Habitualmente, posicionarnos en el extremo radicalmente opuesto nos aporta una perspectiva que nos ayuda a entender contextos. ¿Se imagina que su hijo o hija adolescente nunca ha querido traer a nadie a casa ni tiene intención de hacerlo? Desde luego algo raro estaría ocurriendo.

¿Le abrimos los cajones para ver si está en peligro?

De nuevo, es una de las cuestiones más planteadas. El miedo es la emoción básica que domina a los padres cuando ponen este dilema sobre la mesa. Y cuando experimentamos miedo la estrategia de nuestra mente es variable, una de ellas puede ser la de «huir», pero hay otra que es «hacerse con el control». Por eso, cuando tenemos miedo de no saber en qué está metido nuestro hijo, lo que estamos tentados a hacer es el camino más fácil, esto es, rebuscarle en los cajones y en su cartera para así tener el control sobre lo que está haciendo. O no.

La realidad es que si su hijo está en peligro, recuerde que es su obligación velar por él. Bajo este argumento, es su responsabilidad como padre tomar una decisión. Si no se encuentra en una situación de emergencia, mi filosofía es que «cotillear» o «registrar» sus cosas solo nos indica el nivel de desconfianza que reina en nuestra casa. En este sentido, suelo orientar que dejemos de malgastar un segundo en ello y lo invirtamos en reconquistar la confianza de nuestro hijo. A la larga será mucho más productivo. Cuando un adolescente descubre (y casi siempre se descubre) que le han estado espiando y registrando, de repente pierde toda la confianza que tenía o que le podía quedar en los adultos con los que convive.

Es importante subrayar que el concepto de la confianza es un elemento clave en la adolescencia, por pequeñas cosas se rompen amistades durante la adolescencia y juventud, por pequeños actos de lealtad se construyen amistades inquebrantables, sin embargo, el adulto entiende y comprende que la confianza se gana y se pierde, pero que fluctúa y que no se trata de extremos, de blanco o negro, sino que hay multitud de matices en el concepto de la confianza cuando se es adulto, muchas gamas de grises, todas válidas según el contexto.

¿Qué pasaría si su hijo le abre los cajones o armarios a usted?

12.
En el instituto.
Sí, es muy inteligente,
pero es que es muy vago

«El aprendizaje nunca cansa a la mente».

LEONARDO DA VINCI

Una pregunta sencilla con la que empezar a reflexionar. ¿Cuántas horas a la semana permanece su hijo en el centro de estudios? Alrededor de treinta horas a la semana pudiera ser una media más o menos acertada, lo que ya en sí mismo fundamenta los argumentos para situar al ámbito académico en un papel protagonista en la vida de cualquier adolescente. La realidad es que esta área necesita y merece un gran espacio sobre el que debatir y argumentar. Si lo que buscamos es un desarrollo sano y positivo en nuestros hijos, debemos recordar que durante el periodo de la adolescencia es fundamental la cohesión y la coherencia entre nuestro estilo educativo y el sistema normativo que hayamos establecido en casa junto a la filosofía pedagógica del centro de estudios de nuestros hijos. Simplemente son dos ámbitos que se retroa-limentan, no pueden desarrollarse plenamente el uno sin la concordancia con el otro.

Afortunadamente hemos dejado ya lejos ese estilo de vida en el que el padre adoptaba un rol puramente autoritario, en el que la madre básicamente era la referente que se ocupaba de toda la intendencia de la casa y de los hijos, mientras que el centro de estudios presentaba un marcado estilo educativo punitivo. Si recuerda el capítulo de los estilos educativos, cada estilo tiene sus propias fortalezas y, de hecho, esta dinámica en la que los hijos crecían gozaba de sus propios beneficios, pero la sociedad siempre busca el progreso y en ese ejercicio de crecer y mejorar existen avances y retrocesos, que explican la dinámica en la que estamos inmersos como sociedad en la actualidad.

Todo el contenido que hasta el momento hemos visto está vinculado al mundo de las relaciones familiares, pero la escuela juega sin lugar a dudas un papel imprescindible para entender en su globalidad el desarrollo integral de nuestros hijos. La escuela es importante en todas las etapas evolutivas de una persona, en la etapa infantil, en el ciclo de primaria, en el ciclo de secundaria y en la etapa ya a las puertas de la adultez y del inicio de la universidad, ninguna fase cobra mayor importancia que otra, simplemente van modificando su relevancia e influencia.

Si nos centramos en la etapa que rodea la adolescencia, ocurren dos circunstancias que suponen un alto nivel de crisis para todo alumno y que en ocasiones pareciera que se oponen la una con la otra, es decir, que no se ayudan. La primera circunstancia es que los estudios en la etapa de la adolescencia adquieren ya un carácter muy académico y calificativo. Es casi imposible que una persona, por muy centrada que esté en su vida a los doce años de edad, entienda en toda la globalidad de su significado que a partir de septiembre de ese año todos sus resultados académicos van a contar para poder decidir su ingreso en la universidad o no. Si lo volvemos a analizar bien, este hecho supone un nivel de presión desproporcionado.

La segunda circunstancia es que ese nivel requiere una concentración muy alta durante un largo periodo de tiempo que se opone directamente con el mayor de los «distractores» posibles que no es otro que el proceso de socialización. Si en la infancia la socialización es fundamental, podríamos decir que en la adolescencia adquiere un nivel casi vital. Es verdaderamente difícil poder dedicar dos horas diarias de estudio en casa mientras las notificaciones del teléfono móvil no dejan de sonar y extraordinariamente complejo atender en clase sin dejar de estar centrado en la mirada del compañero o compañera por el que se siente atraído.

En la actualidad, en España, la nota final para poder acceder a los estudios universitarios que se deseen empieza a calcularse con los resultados obtenidos desde el primer curso de bachillerato, más o menos a los dieciséis años, pero desde el primer curso del ciclo de secundaria se empiezan a perfilar ya las orientaciones o itinerarios y los resultados ya cobran una especial relevancia. Es decir, desde los doce años. Si nos paramos a pensar bien en esta circunstancia y la trasladamos a nuestra edad adulta, ya sería una presión muy difícil de soportar. Imagínese que su jefe le informa de que a partir de hoy mismo su puntualidad, su conducta en el trabajo y, por supuesto, su rendimiento van a contar todos y cada uno de los días para un posible ascenso muy importante que se resolverá dentro de seis años. La realidad es que nos costaría muchísimo estar centrados los seis años. Bueno, podríamos coincidir en que es casi imposible, pero si además le sumamos que hay un compañero sentado solo a dos despachos de distancia por el que verdaderamente nos sentimos atraídos y que encima tenemos dos compañeras al lado de nuestra mesa que son extremadamente graciosas, la mezcla es destructiva.

A lo largo de mis años de intervención son incontables las preguntas, dudas o situaciones planteadas por los padres con la escuela como contexto protagonista. Sin duda, después de la salud y de la dinámica familiar, el ámbito académico es la mayor preocupación de los padres y realmente está bien justificado su interés. He decidido agrupar o elegir cuatro circunstancias con distintos niveles de gravedad o de urgencia para así poder ofrecer una idea global de cómo entiendo que debe enfocarse el acompañamiento a nuestros hijos cuando están en pleno apogeo de la adolescencia.

De nuevo, es imposible dar una orientación de modo general, como ya habrá podido comprobar anteriormente, pero aquí entra en juego un elemento externo nuevo: el centro y el personal educativo. Para resumir de manera breve el punto de vista con el que tiendo a aproximarme al debate de los centros de estudios utilizo una metáfora muy exagerada, pero que siempre ha resultado muy útil a la hora de exponerla y trabajarla con las familias. El centro de estudios es como un hospital, el profesor de su hijo es como un cirujano. Evidentemente, he llevado la metáfora al extremo porque es en los extremos cuando en ocasiones tomamos una perspectiva que nos aleja de nuestra realidad y en la que podemos analizar la situación lo más objetivamente. Imagínese que un hijo presenta una circunstancia concreta que requiere de una compleja intervención quirúrgica. En principio, lo que todo padre y madre harían sería informarse bien de qué es lo que le está sucediendo a su hijo, qué pronóstico tiene y el método más eficaz y menos lesivo e invasivo para recuperarse lo antes posible. En definitiva, se informarían lo mejor que pudieran y finalmente buscarían el mejor hospital y el mejor profesional dentro de las posibilidades y realidades que rodeen a la familia. Una vez realizados estos pasos, a los padres les quedan tres tareas fundamentales y, bajo mi punto de vista, poco debatibles. La primera es atender a su hijo en el plano emocional, no abandonarle nunca. La segunda es supervisar que no se cometa ninguna negligencia con su hijo. La tercera es confiar plenamente y colaborar absolutamente con las indicaciones y labores del médico cirujano y demás personal sanitario. No parece tener mucho sentido debatir con el cirujano qué bisturí va a utilizar, pero lo que es más importante es que nuestro hijo entienda que nosotros como padres respetamos la autoridad y que desde el mismo momento en que se abren las puertas del hospital nosotros estaremos apoyando a los médicos. Las metáforas siempre tienen fallos porque las situaciones que tratan de explicar no se ajustan exactamente a la realidad, pero si se entienden en su generalidad y no en sus elementos específicos, suelen ayudar e inspirar.

¿Le cambio de centro de estudios?

Normalmente el centro de estudios en sí mismo no es el problema. Hay veces muy puntuales en que sí, pero lo normal es que no lo sea. El verdadero problema radica en si se ha realizado adecuadamente el ejercicio anterior, es decir, replantearnos si hemos realizado un adecuado análisis de qué centro educativo era el mejor para nuestro hijo, por ahí debe venir la primera reflexión. Considero que cambiar de centro de estudios durante el transcurso de los ciclos generales no es positivo, es decir, durante los seis años de primaria y durante el transcurso de la secundaria. Cuando se da un cambio de ciclo siempre es un momento más oportuno, cuando vaya a pasar de la primaria a la secundaria, por ejemplo, o al bachillerato, pero en mitad de un ciclo no suele ser lo más recomendable tanto desde el punto de vista académico como desde el punto de vista social. Según mi experiencia, cuando los padres se plantean esta circunstancia suele ser debido a que la frustración o el miedo se han apoderado de la dinámica general, y es complejo entonces tomar decisiones objetivas. Cada situación requiere una respuesta adecuada y ajustada a cada adolescente y familia, pero, por lo general, si no estamos hablando de peligros que acechen a nuestro hijo, la experiencia me ha demostrado que continuar en el mismo centro de estudios y acompañar a nuestro hijo para que sea capaz de superar los problemas supondrá un aprendizaje fundamental para su futuro y para el futuro de la familia. Por el contrario, el cambio suele ser vivido como un abandono o fracaso. Tenga en cuenta que esta orientación suelo presentarla ante problemas del tipo «Es que no le caigo bien a nadie en el instituto», «No soportamos a su tutor, de verdad, le hace la vida imposible», «En el colegio no entienden bien las necesidades específicas que tiene nuestro hijo», «El profesor ese me tiene manía», «Nos hacen estudiar demasiado en este colegio»…

A la larga, un cambio puntual de centro de estudios puede llegar a ser incluso positivo, para entender otras realidades, para poder construir nuevas relaciones sociales, para poder interiorizar que los cambios son efectivamente oportunidades de mejora, pero si en vez de un cambio de centro de estudios un adolescente lleva ya varios centros educativos por los que ha pasado, esto suele conllevar unas consecuencias que normalmente le animan a abandonar su formación académica. Por todo ello, considero que no debe tomarse a la ligera el cambio de centro de estudios, supondrá un cambio de dinámica fundamental en el desarrollo de cualquier adolescente.

¿Hago los deberes con él?

La propia existencia y concepto de «deberes para casa» ya merece un buen debate, pero centrándonos en la cuestión, por norma general los deberes los pone el profesor al alumno. Por lo tanto, no se los pone a los padres. Por norma general, creo que los padres deben enseñar a los hijos a trabajar en casa de manera autónoma, y este concepto es una de las mayores claves, fomentar la autonomía de los hijos. El problema al que se enfrenta una familia cuando su hijo preadolescente de doce años, por ejemplo, no hace los deberes es un problema cuya raíz viene de años atrás, por ello tiene una solución más compleja de lo que cabe esperar, y esto nos debe hacer entender que es un problema que sí tiene solución, pero que en la mayoría de las ocasiones requiere tiempo, paciencia y constancia. Hay profesionales específicos que abordan esta tarea de manera magnífica y casi siempre la solución radica en enseñar al hijo a ser autónomo en su tiempo de estudio, pero la realidad es que el hijo lo que verdaderamente necesita es la figura de un padre o madre en la que verse reflejado. No hay mejor regalo a la hora de tratar el tema de los deberes en casa que enseñar a un hijo a ser autónomo a la hora de sentarse a estudiar, por poco tiempo que sea, ya que cuando crezca será un tesoro del que podrá disfrutar.

«Enseñar a pescar es mucho mejor que darle peces». Mientras este proceso se implementa o mientras se encuentra al profesional apropiado, hay varias propuestas que suelo plantear a las familias. Tras mucho tiempo invertido en ello y tras muchos fracasos y éxitos, las orientaciones que han resultado ser más efectivas han sido las siguientes: lo primero de todo, escuchar y entender toda la información que el maestro, tutor o profesor de nuestro hijo tenga que compartir con nosotros. Debemos recordar que el profesor conoce a nuestro hijo precisamente en un entorno y en un contexto en el que nosotros no estamos presentes físicamente, por lo que la información y las orientaciones que el profesor o profesora nos aporte serán la premisa básica y fundamental para empezar a actuar. Además, probar a compartir el espacio con él suele suponer una sorpresa en los resultados que provoca. Con esto me refiero a que mientras su hijo estudia, usted puede acabar con el papeleo de su trabajo en la misma habitación, esto suele generar una sensación de «equipo» y «alianza» en los hijos difícil de explicar, pero casi mágica. Sí, es un poco raro sentarse con un hijo de dieciséis años en la misma mesa del despacho de casa, uno con las fórmulas de matemáticas y el otro con el ordenador metiendo datos en la base de datos del trabajo, pero la realidad es que de repente se reviven escenas de cuando el hijo tenía cinco años y sacaban las acuarelas poniéndose padre e hijo a dibujar preciosos cuadros.

Nos piden desde el instituto que le justifiquemos las faltas para que cuando «no pueda más» nuestro hijo esté autorizado a darse un paseo o a irse a casa y no le tengan que expulsar

Como se puede observar, aquí expongo una situación con un nivel de gravedad mucho mayor que las anteriores, pero más común de lo que cabría esperar. Si estamos planteándonos esta duda o situación, lo primero que debemos realizar es de nuevo un profundo análisis de la realidad de nuestra dinámica familiar. Sin duda, hay algo que no está yendo bien. Una vez más suelo poner encima de la mesa como primera medida analizar qué mensaje nos está queriendo enviar nuestro hijo con las conductas que está presentando en el centro de estudios, porque normalmente no se trata de modificar las conductas específicas en las que va incurriendo, en realidad se trata de identificar el mensaje que quiere lanzarnos y que no sabe cómo decirnos, porque en ocasiones ni él mismo es consciente de lo que le está sucediendo.

Los centros educativos en la actualidad no quieren utilizar la última de las herramientas de las que disponen, que es la expulsión, ni la puntual ni la temporal y ni mucho menos la permanente, pero llegan a situaciones en las que tanto por recursos como por incapacidad se ven obligados a adoptarla. Yo, como profesional, me sitúo firmemente en contra de esta medida, desde luego nada o poco tiene de carácter educativo, pero siempre entramos en un debate moral en el que llegamos a la común situación de analizar si la conducta de un alumno en concreto está perjudicando gravemente el desarrollo de sus demás compañeros, y es donde, realmente, no existe una salida aparentemente beneficiosa para todos. Los esfuerzos de toda la comunidad educativa normalmente son mucho mayores de lo que somos capaces de entender como padres, porque estamos condicionados por el amor a nuestros hijos y por ello es muy complejo alcanzar ciertos niveles de objetividad.

Finalizo normalmente con una misma idea de carácter general, justificar faltas no es la vía adecuada, es una solución a muy corto plazo. La asistencia a todas y cada una de las horas lectivas no es negociable. Pero aquí hay que realizar un adecuado ejercicio de responsabilidad, ya que no podemos exigir a nuestros hijos asistencia y rigor si luego nos vamos de vacaciones a esquiar y volvemos todos como familia una semana después del regreso de vacaciones de Navidad. ¿Cómo lo ve usted?

Nuestro hijo o hija es inteligente, pero es muy vago y saca malas notas

Es curioso, gran parte de los padres y madres dicen esta frase, yo creo firmemente en ella, pero no en el modo en que está formulada. Estoy convencido de que, con la suficiente motivación, todos los alumnos disfrutarían con los estudios y con ir a la escuela.

Esta es una frase que mi experiencia me ha demostrado que con la mejor intención de los padres, incluso con el orgullo de saberse padres de un hijo o hija inteligente, resulta ser perjudicial para sus hijos a largo plazo. Ninguna persona es responsable del nivel de inteligencia que posee, es decir, hablando de manera muy general y poco técnica, podríamos decir que nacemos así, pero todos somos responsables de nuestra capacidad de trabajo. Recordando el concepto referido anteriormente de autonomía, la traducción real de esta frase sería algo así como «Es muy inteligente, pero no hemos sabido enseñarle a trabajar con esfuerzo y dedicación». He tardado años en poder entender el mensaje que realmente querían decir casi todos los chicos y chicas a los que sus padres les decían esta frase. Lo que realmente ellos querían responder es algo así como «Bueno, pues una de dos, o bien te equivocas y no soy tan inteligente, o entonces es que aparte de ser inteligente soy un inútil porque mi colega que parece más tonto saca mejores notas que yo». La realidad es que esta frase genera mucha frustración en el hijo o hija adolescente, porque realmente lo que les llega es que los padres están situando el problema constantemente en ellos, sin mostrar asunción de responsabilidades, lo que genera rechazo y distanciamiento. El trabajo a realizar cuando esta frase aparece encima de la mesa es precisamente el construir un equipo, es decir, alinear a padres e hijo para que sean capaces de dar respuesta a una situación concreta, dejando a un lado los reproches.

Cuando las acusaciones llegan a un extremo, suele presentarse un mensaje mucho más nocivo, algo parecido a «Pues ya verás lo inteligente que soy que ahora no voy a tocar un libro y me van a echar por tonto suspendiendo todas, y así tendrás razón con lo de que soy vago». Cuando este mensaje es lanzado por un adolescente, suele estar dominado por la frustración y por la rabia, con lo que suele ir decorado de palabras desafortunadas y calificativos despectivos que obviamente no reproduzco aquí, pero lo subrayo porque es efectivamente esa la sensación que les invade y que les gobierna. Lo único que quieren verdaderamente es poder dar un mensaje del tipo «Por favor, mamá, deja de decirme lo inteligente que soy porque si no puedo ni sentarme una hora es porque no lo soy, por favor, enséñame a estudiar, por favor». Pero, claro, este mensaje está ahogado por el sentimiento de rabia y de ira que produce el rechazo de la frase inicial.

Si recuerda capítulos anteriores, podrá entender que no estoy buscando culpabilidades. No existen, porque realmente el padre no quiere herir los sentimientos del hijo, aunque si verdaderamente lo ha hecho, entonces debe revisarlo. Aquí de lo que se trata es del concepto de responsabilidades y, por lo tanto, no debemos perder ni un minuto más en recordar esa frase, sino en llevar a cabo las orientaciones expuestas anteriormente, en explorar aquellas otras que usted crea que pueden ser útiles y en iniciar ya la tarea de dotar de autonomía a nuestro hijo para que deje de ser un vago.

13.
Con las drogas.
La verdad es que no sé si está empezando a fumar

«Cuando comienzas a vivir fuera de ti mismo, todo es peligroso».

ERNEST HEMINGWAY

Puedo asegurar que en todas y cada una de las semanas de los últimos quince años dedicados al trabajo con familias los problemas relacionados con las drogas han estado siempre presentes. En el ámbito profesional se denominan sustancias tóxicas de manera genérica. La realidad es que cada vez que las drogas cobran un papel protagonista en un caso concreto, he decidido solicitar apoyo especializado. Las drogas básicamente consiguen destruir todo lo que se les ponga por delante, familia, trabajo, pareja, amistades, todo, y a menudo las intervenciones de los profesionales. Nunca he destacado por ser capaz de detectar en las fases iniciales ni de erradicar en las fases intermedias las adicciones de los adolescentes, quizás este sea mi mayor logro en este sentido, el ser capaz de asumir mis debilidades como profesional y estar preparado para pedir ayuda a otros profesionales especializados cuando es necesario. Me detengo en esta circunstancia porque básicamente es lo que creo que los padres deben hacer. Hay un inmenso trabajo que realizar en la prevención del consumo de los hijos, con ingredientes básicos como son el amor incondicional, la escucha verdaderamente genuina a los mensajes del hijo, los estudios, un uso satisfactorio del espacio de ocio y tiempo libre…, pero si el consumo se establece en la dinámica de un adolescente, la realidad es que la mejor prevención posible es solicitar una intervención especializada.

La dinámica familiar, como ya se ha podido observar, supone un continuo movimiento y cambio de factores que conforman un entramado muy complejo de entender y de poder resolver cuando es negativo, pero mi experiencia me dice que cuando el consumo de sustancias tóxicas adquiere un papel protagonista, entonces prácticamente todo es incomprensible. La labor de todo padre y madre en este sentido es muy clara, prevenir y estar atento de manera continua. Para ello, hay un concepto que es interesante tener en cuenta y que está basado en ser capaz de distinguir los tres niveles de consumo para poder entender si es necesario pedir ayuda profesional. El primer nivel sería el «uso» que hace referencia a cuando una persona utiliza puntualmente una determinada sustancia tóxica, a lo mejor usted esta noche hace uso de una droga si en la cena decide tomarse una copa de vino. En principio, y siempre con la máxima prudencia, un «uso» de una determinada sustancia tóxica no debería constituir un problema. El segundo nivel es el «abuso», que como su nombre indica hace referencia a traspasar los límites de lo razonable. Si esta noche usted en la cena bebe dos botellas de vino, seguramente podríamos coincidir en que ha incurrido en un «abuso», ya que era del todo innecesario ingerir esa cantidad de alcohol. El tercer nivel es la «dependencia». Continuando con el ejemplo expuesto, no es otra cosa que cuando una persona no puede dejar de utilizar una droga, es decir, si usted necesita beber alcohol todas las noches en las cenas. Hay que tener precisión en esta circunstancia porque «dependencia», bajo mi punto de vista, también es el necesitar una única copa de vino absolutamente todas las noches. En cualquier caso, como ya habrá podido experimentar según lee estas líneas, es muy complejo definir bien cada nivel, porque se puede caer en la interminable discusión de la periodicidad y cantidad. De nuevo, con ejemplos a modo de preguntas se puede reflexionar mejor sobre ello, ¿considera usted que tres copas de vino en una cena es uso o abuso?; si cuatro días a la semana bebe cerveza, ¿se considera dependencia según su punto de vista?

Cuando hablamos de adultos existen distintas y muy variadas respuestas a estas preguntas planteadas y no necesariamente pueden suponer un problema las distintas opiniones, pero cuando se trata de un menor de edad, para mí no existe margen de debate. Siempre me he posicionado en el mismo punto de vista inicial y siempre me ha servido de gran utilidad. Hablando en términos generales, en España están legalizadas dos drogas, el tabaco y el alcohol, solamente para los mayores de dieciocho años de edad. A partir de aquí, el resto de circunstancias y situaciones no entran en juego. Es decir, mi trabajo con familias y adolescentes día a día ha ido fundamentando mi idea de que esta postura extremadamente legalista es un valiosísimo punto de partida. ¿Qué hace una chica de catorce años de edad fumando tabaco? ¿Qué le ocurre verdaderamente a un chico de dieciséis años que todos los viernes y sábados necesita beber alcohol?

Son dos ejemplos claramente aceptados por la sociedad y, más bien, ya dados por perdidos, porque nadie para a tres chicos de catorce años por la calle y les recrimina por estar fumando tabaco ni a dos chicas de diecisiete años por estar bebiendo una lata de cerveza en el banco de un parque. Propongo estos dos ejemplos, el último de ellos nuevamente pensado para buscar debate, porque creo en mi filosofía de que con ejemplos a veces extremos podemos tomar la dimensión real de cada situación. Por supuesto que marcar la línea de los dieciocho años de edad es un poco incoherente cuando faltan pocas semanas o días para que alcance la mayoría de edad, pero no se trata de números, sino de prevenir un abuso y, sobre todo, de anticiparse para no alcanzar un nivel de dependencia. No se puede abordar de la misma manera una misma cerveza tomada un miércoles por la tarde en un chico de dieciséis años que en otro.

De cualquier modo quiero compartir con usted una circunstancia muy concreta que se ha repetido en toda mi trayectoria, y es el consumo de la sustancia THC, tetrahidrocannabinol. Es decir, los porros. Siempre, en un porcentaje altísimo de los casos atendidos, los porros han ganado la batalla de la intervención. Con esto me quiero referir a que se han iniciado con un uso puntual y directamente se han saltado la fase del abuso y se han establecido sin darse cuenta en el nivel de dependencia. Siempre es impactante cómo de rápido se pasa de un «Pues no sé si está empezando a fumar hierba» a un «Es imposible que deje de consumir, ya lo único que me queda es que al menos no se los fume en casa, pero ni por esas, todo el día en la habitación fumando». Mi postura siempre es «tolerancia cero» con sustancias que no sean legales.

Verdaderamente, existen muchas y variadas situaciones que se podrían reflejar aquí, pero voy a centrarme solamente en dos preguntas que suelen plantearse en los niveles muy iniciales del consumo y que las reflejo aquí haciendo referencia a una fase puramente de prevención. Si el problema que una familia pueda tener ya ha superado la etapa de la prevención y hay un consumo presente, ya sea uso o abuso, mi orientación es la de buscar una intervención profesional específica.

Tolerancia cero.

Creo que mi hija puede estar fumando porros

Si usted tiene esa duda, es que probablemente su hija ya haya experimentado con el uso de las drogas. La calma y la coherencia en estas situaciones es la primera pauta, le propongo que analice si ha presentado un «uso» que podría ser experimental o si ya ha pasado a presentar «abuso». La segunda pauta, siempre desde la máxima prudencia, sería que se olvide de todo lo que tiene que hacer y dedíquese a «estar con su hija». Revise el capítulo 6, «Reiniciando», porque esta sí es una situación de potencial peligro para su hija. Ni una concesión con el uso de las drogas, pero no desde la imposición, porque entonces las drogas son más listas y es probable que ganen la batalla como ya hemos visto. Las drogas se previenen con la siguiente fórmula: amor verdadero y presente + estudios + ocio estructurado.

¿Es bueno que la primera cerveza la pruebe conmigo?

Esta es una cuestión muy personal y esta pregunta suele estar formulada por determinados estilos educativos. Las «cosas» de adultos hay que experimentarlas y aprender de ellas a su debido tiempo. Ciñéndonos a la pregunta en cuestión, la realidad es que la respuesta verdadera la tiene su hijo, a lo mejor a él le encantaría que su primera cerveza la pruebe de la mano de su padre, a lo mejor no hay nada que le horrorizase más. De manera normalizada, creo que la labor del padre está centrada en educar y enseñar qué es el alcohol; si se ha realizado correctamente este ejercicio de prevención, no se plantearía realmente esta pregunta y, por lo tanto, no necesitaríamos consultarla. Mientras tanto, no está mal recordar que el alcohol es legal, pero solo a partir de los dieciocho años. No antes.

De manera deliberada no he querido ahondar más en este apartado, porque el mensaje que me gustaría que quedara marcado en su cerebro de padre, madre, familiar o responsable adulto de un adolescente es el de «Tolerancia cero». Sin embargo, quiero concluir con una idea que merece la pena ser analizada por cada adulto de manera particular y en privado. Creo firmemente que antes de analizar el consumo de sustancias tóxicas de un hijo o hija adolescente o preadolescente es necesario analizar primero nuestra propia actitud hacia las sustancias tóxicas. Desde el mismo momento en que nacieron nuestros hijos han estado pendientes de todo lo que hacíamos y sí, éramos un ejemplo ya cuando quedábamos con amigos y lo primero que hacíamos en la mesa del restaurante era pedir alcohol para todos mientras los niños jugaban al lado.

14.
Con las nuevas tecnologías. Imposible que deje el móvil ni un minuto

«Un ordenador es para mí la herramienta más sorprendente que hayamos ideado. Es el equivalente a una bicicleta para nuestras mentes».

STEVE JOBS

En realidad sabemos muy poco sobre las nuevas tecnologías. En el año 1999 pocos adolescentes tenían teléfono móvil propio, solo han pasado un poco más de veinte años y ahora mismo es uno de los principales problemas en la convivencia en casa. Los profesionales que nos dedicamos al trabajo e intervención con familias estamos reciclándonos continuamente y aprendiendo a cómo atender y entender las nuevas problemáticas, pero la realidad es que nos sentimos desbordados en ocasiones haciendo frente a situaciones en las que no tenemos la experiencia deseada. Creo que la irrupción del teléfono móvil en las casas ha supuesto un impacto mucho más grande que cuando hace ya tanto tiempo los primeros televisores aterrizaron en los domicilios.

Por eso, quiero recalcar que cuando me enfrento a cualquiera de las siguientes cuestiones mis orientaciones y mis puntos de vista parten de la corta experiencia y del sentir interno. A partir de aquí he agrupado todas las situaciones en tres ejemplos muy concretos. Si en el anterior apartado me posicionaba en la «tolerancia cero» respecto a las drogas amparado en mi experiencia y en la multitud de estudios e investigaciones existentes, en este capítulo quiero ofrecer respuestas que generen reflexión y debate interno, nada más allá. Apenas han transcurrido veinte años y considero que es poco tiempo para tratar una problemática que sin duda seguirá marcando el curso de la historia.

¿A qué edad le compro el primer móvil?

Esta es una pregunta prácticamente imposible de responder de modo genérico, porque depende directamente del uso que los padres hagan de sus teléfonos móviles, del ejemplo que ellos estén ofreciendo en casa, del resto de dispositivos y del estilo educativo de los propios padres. Si recuerda bien el capítulo de los estilos educativos, una madre autoritaria, un padre protector o una madre diplomática podrán tener distintas respuestas y todas acertadas en su contexto. Aquí lo que hay que buscar es la coherencia, es decir, si usted está todo el día con el móvil, no tiene sentido prohibirle el uso del móvil; si usted le da el móvil solo cuando su hijo sale de casa y se lo quita a su regreso, le pudiera estar lanzando un mensaje contradictorio o todo lo contrario. En definitiva, mi línea de pensamiento es que cuanto más tarde, mejor. Es una herramienta maravillosa en muchos sentidos, pero siempre planteo la cuestión de las «necesidades creadas». ¿Realmente su hijo de doce años necesita un teléfono móvil? ¿Para qué?

Mi hija está enganchada al móvil. ¿Cómo hacemos?

Lo normal es que su hija no esté enganchada al móvil. Es decir, que no exista adicción o patología, rescatando terminología del anterior capítulo, lo más probable es que su hija está cayendo en ciertos abusos. Si aun así usted cree que presenta dependencia, acuda a la mayor brevedad a un especialista, pero, con todos los respetos, lo normal es que su hija esté aburrida. Usted es su padre o madre, así que la responsabilidad de enseñar, orientar y apoyar a su hija en que aprenda a divertirse de manera sana y saludable es suya. Pruebe a dejar de pedirle que no coja el móvil y empiece por pensar en qué ofrecerle. En cuanto su hija se divierta, se reducirá el uso del teléfono drásticamente. Soy plenamente consciente de que es muy fácil decirlo y muy difícil hacerlo, pero la experiencia me hace estar convencido de ello.

¿Cómo gestionamos los horarios de las «pantallas» en casa?

Entendemos por «pantallas» la televisión, el teléfono móvil, la tableta, el ordenador, los videojuegos...

Creo que lo ideal sería que desde el domingo por la noche hasta el viernes por la tarde no hubiera uso de «pantallas». Cero horas. Básicamente porque va a mejorar el aprovechamiento del sueño de su hijo y su rendimiento académico, así como la comunicación familiar. Las nuevas tecnologías son buenísimas si se saben usar correctamente, son un innegable progreso de la sociedad, pero creo que son para los adultos. Claro, esta línea de pensamiento realmente se presenta muy desfasada y muy en contra de las dinámicas normalizadas de la sociedad actual, porque, para empezar, los ciclos de secundaria y bachillerato de la educación académica ya requieren que el alumno disponga de dispositivos tecnológicos. Por supuesto que lo tengo en cuenta, pero quiero recalcar que si tuviera que posicionarme en un «ideal» del uso, mi punto de vista es que, los días lectivos, el niño, el preadolescente y el adolescente necesitan unas rutinas muy marcadas que tengan presente siempre las conductas sanas y saludables. En este sentido, no puedo dejar de expresar y de plantear el concepto de que las nuevas tecnologías y especialmente las «muy nuevas» están diseñadas específicamente para resultar atractivas al cerebro, para que de alguna manera queramos y deseemos seguir utilizándolas.

A partir de aquí, le propongo que ajuste los horarios al ejemplo que usted mismo les esté dando a sus hijos y a su propio estilo educativo. Cuantas menos pantallas, mejor. Cuanto más pronto se apaguen por el día, mejor. Revise aquí los capítulos dedicados a los estilos educativos, los sistemas normativos y las seis herramientas básicas. La respuesta a cada familia debe ir supeditada a la información previa de cada uno de estos tres capítulos, seguro que usted encuentra la respuesta que mejor se ajuste a sus características.

Como siempre, una última pregunta para no dejar de generar reflexión: ¿Para qué necesita realmente un adolescente de catorce años encender su teléfono móvil nada más despertarse antes de ir a clase?

15.
Con sus relaciones sociales.
No me gustan nada sus amigos

«No necesito amigos que cambien cuando yo cambio y asientan cuando yo asiento. Mi sombra lo hace mucho mejor».

PLUTARCO

Empiezo este último capítulo de este bloque con una reflexión personal. Nunca he discutido ni he amado tanto a mis amigos como cuando he compartido con ellos un grupo de música, un deporte o un viaje. Las amistades, y mucho más las amistades que se crean en la adolescencia, son una parte fundamental de la persona. Normalmente creamos amistades en cuatro momentos o escenarios en nuestra vida, en la infancia, en la adolescencia, en la adultez y en nuestro «trabajo». Las amistades de la etapa adolescente son extremadamente importantes porque están indicando nuestra personalidad y los estímulos por los que nos sentimos atraídos. Si cree que su hijo o hija presenta irregularidades en sus relaciones sociales, estoy convencido de que un cambio de visión le puede ayudar, es decir, empezar a observar estas dinámicas desde un punto de vista diferente.

A la hora de analizar las relaciones de un adolescente, cualquier padre tiene una visión mucho más global y más acertada que el propio adolescente, básicamente porque aquí la experiencia de vida es fundamental, y precisamente por eso es muy importante que el adolescente vaya adquiriendo experiencia, tanto en los fracasos como en los éxitos. Creo firmemente que en este apartado nuestra responsabilidad es evitar peligros, pero dejar que sea nuestro propio hijo o hija quien vaya afrontando y superando riesgos. Desde luego, no es deseable un joven que jamás se haya juntado con una mala influencia o se haya sentido atraído físicamente por una persona que no era lo que parecía al principio. En este sentido, el aprendizaje es fundamental que sea casi un autoaprendizaje; el papel de los adultos, por lo tanto, es ciertamente complejo y en ocasiones desesperante cuando vemos a nuestro hijo tropezar siempre con la misma piedra. Lo importante es que siempre tenga cerca la mano del padre para ayudarle a levantarse.

No me gustan nada sus amigos

La amistad en la adolescencia es fundamentalmente grupal, es decir, debe entenderse desde el punto de vista del rol o papel que el individuo adopta dentro del grupo. Como en cualquier conjunto de personas, los grupos de amistad en la adolescencia están formados por básicamente tres niveles de importancia dentro del grupo. En el primer nivel podemos encontrar a los líderes, a continuación a los seguidores y en el tercer nivel a los rechazados o marginados. Es importante que pueda empezar usted a analizar qué papel juega su hijo o hija en los distintos grupos en los que se relaciona. Cuando hablamos de un hijo situado en el nivel de «seguidor» o en el de «rechazado», por supuesto que tiene lugar la frase tan utilizada de «Sus amigos son una influencia negativa», y en vez de señalar lo negativo de sus amigos, una táctica mucho más efectiva para nosotros como padres es llegar a identificar qué es lo que hace que nuestro hijo se sienta atraído por esos líderes. ¿Por qué quiere ser como ellos? Si, por el contrario, nuestro hijo es un líder potencial de ese grupo, no tiene lugar la idea de que sus amigos son una mala influencia. Esta última situación sí suele generar problemas de identificación, porque el hijo es quien ejerce precisamente esa influencia. Esta primera pista o idea es clave para abordar adecuadamente la visión con la que debemos enfocar el aspecto social de nuestros hijos.

Si el adolescente es un líder, más allá de caer en el falso sentimiento de orgullo, podemos plantearnos preguntas trascendentales como: ¿Por qué necesita mi hijo que le sigan como a un líder? ¿Necesita realmente que todos le imiten? ¿No tiene suficiente con quererse a sí mismo?

Si nuestro hijo es un seguidor, las preguntas oportunas que puede plantearse están dirigidas precisamente a observar las características de los líderes de ese grupo, a aprender a identificar las cualidades que provocan admiración en nuestro hijo o hija para calibrar si conllevan riesgos o peligros. Recordará aquí la filosofía de actuación planteada en anteriores capítulos por la que considero positivo que los adolescentes enfrenten de manera autónoma los riesgos, pero que sus padres estén presentes para alejarles de los peligros. ¿No tiene suficiente con quererse a sí mismo?

Si nuestro hijo es un rechazado, hay que incrementar más aún la supervisión, porque realmente no está disfrutando de la amistad, sino que la está sufriendo, y como es evidente, este sentimiento es un claro antagónico de la propia razón de ser de la amistad. ¿No tiene suficiente con quererse a sí mismo?

No me gusta nada su pareja

Al igual que con la elección de sus amistades, la pareja es una elección que su hijo o hija está haciendo. En este sentido, es importante pararse a analizar por qué nuestro hijo o hija se siente atraído por esa determinada persona. Claro, pero aquí entra en juego una circunstancia aún más compleja, y es tanto la atracción física y sexual como la atracción romántica. En este punto, en muchas ocasiones caemos en espirales de debates prácticamente irresolubles, yo no me siento capacitado para discernir la complejidad que el término «amor» significa, le invito a que se forme en ello, hay lecturas breves y asombrosas como por ejemplo *El arte de amar* del filósofo

Erich Fromm, que sin duda provocan una reflexión mucho más productiva.

En cualquier caso, hay una premisa básica que suelo subrayar a modo de instrucción: no criticamos nunca su relación de pareja a no ser que detectemos que existen episodios de violencia. Si existe violencia (da igual si es bidireccional o unidireccional, da igual si su hijo o hija es víctima o agresor), debemos intervenir a la mayor brevedad posible. No hay negociación al respecto. Es su deber como padre, como madre o como adulto al cargo. Si no hay violencia, el acompañamiento y el ejemplo propio son el mejor recurso.

¿Tengo que hablar de sexo con él o con ella? ¿A qué edad?

Sí, por supuesto, desde los cero años. La desnudez es importante para su hijo o hija, verle a usted desnudo es importante. Más aún, comprobar que a un padre o madre la desnudez le resulta algo natural es importante, ni cohibición ni exhibicionismo, naturalidad es la clave. Hablar del cuerpo, hablar del amor y hablar del sexo de manera normalizada aportará normalidad a nuestro hijo o hija. No hay nada peor que enfrentarse a las primeras relaciones o acercamientos sexuales desde la represión que provoca el tabú en casa. Pero debo acabar esta respuesta con un concepto muy importante: «cada cosa a su tiempo», nada de precocidades, se acordará del capítulo centrado en las fases del desarrollo y cómo se evidenciaba que a los cinco años, por ejemplo, está inmerso en la etapa de la «voluntad» y no es el momento para intentar llevar a su hijo a niveles de razonamiento para los que no está preparado.

Antes de finalizar este apartado en el que he intentado aportar mi visión sobre conflictos cotidianos a los que se enfrentan los padres en el día a día con sus hijos adolescentes y en los que tantas veces he intentado orientar, quiero poner punto y final con dos situaciones fuera de los cinco ámbitos expuestos anteriormente, pero que, de nuevo, a menudo son planteadas y siempre evidencian un alto nivel de ansiedad y preocupación.

Estamos pensando en mandar a nuestro hijo a un internado o a un centro especializado en «este tipo de chicos»

Este pensamiento hace acto de presencia normalmente cuando los padres sienten una pérdida de control tan grande que no se ven capaces de poder ayudar a sus hijos en un momento específico. La realidad, ahora y con más razón que nunca, es que no hay una respuesta estándar. A una familia con un hijo en concreto le puede venir como anillo al dedo esta solución y para otra familia con otro hijo, en similares circunstancias, puede resultar traumático. No obstante, la filosofía con la que abordo este tipo de momentos parte de una idea común que es contar con la conformidad del hijo. Es decir, si el hijo acepta y está conforme con analizar esta posibilidad, será un punto de partida que nos aporte cierta garantía. Luego, por supuesto, está la labor de buscar aquel centro que mejor se ajuste a la situación. Por lo tanto, llevarlo engañado o contar medias verdades en el momento de un ingreso puede ser una buena respuesta a corto plazo, pero normalmente en el medio y el largo plazo se ve ciertamente resentida una de las características básicas que construye la relación con un hijo como es la confianza. Recordará que anteriormente ya hemos analizado la importancia del concepto de confianza y más aún en la etapa adolescente, por ello, siempre me centro en que la estrategia diseñada al inicio no provoque una pérdida de confianza entre padres e hijos. En esta línea de pensamiento no se contemplan las situaciones en las que está en peligro la salud del hijo. Recuerde que si la salud o integridad de su hijo está en peligro, la situación es de emergencia. Más adelante, en el capítulo 17 centrado en las situaciones de emergencia, analizaremos detenidamente estas situaciones.

¿Cuál es la mejor edad para que se independice?

No tengo una respuesta clara cuando me plantean los padres esta pregunta, pero suele ser común que les anime a disfrutar del torbellino que supone la convivencia de su hijo o hija en casa, porque luego le echarán mucho de menos.

BLOQUE IV.
Buscando ayuda

«Obra del siguiente modo, amigo Lucilio: reivindica ante ti tu propia persona y recoge y guarda el tiempo que hasta ahora o bien te quitaban, o bien te escamoteaban, o bien se perdía. Convéncete de que esto es tal como te escribo: algunos momentos nos los arrebatan, otros nos los sustraen, otros se disipan. Sin embargo, la pérdida más bochornosa es la que tiene lugar por descuido. Y si quieres hacerme caso, gran parte de la vida se nos escapa obrando mal, la mayor parte sin hacer nada, la vida entera haciendo otra cosa».

SÉNECA

Así comienza Séneca su obra magna *Cartas a Lucilio* en la que expone la totalidad de su filosofía y pensamiento a través de la correspondencia dirigida a su pupilo Lucilio. A menudo hago referencia a estas palabras sobre la importancia de aprovechar el tiempo porque la vida se nos escapa entre los dedos, nuestros hijos ayer apenas tenían unos meses de vida y de repente ya son unos adolescentes. El tiempo se convierte en un elemento clave y asume un papel protagonista cuando lo que realmente debemos hacer es ayudar a un hijo adolescente.

Beethoven compuso una de las mayores obras de la historia de la música, su *Novena sinfonía,* completamente sordo. Si hubiera pensado que con la pérdida progresiva de su audición en la juventud ya nada funcionaría, nos hubiera privado a la humanidad de una auténtica obra maestra. Su tesón, su constancia, su dedicación y el compromiso consigo mismo le hizo escuchar y crear música desde el corazón. Y desde ahí, encontró la solución.

Si hay una cosa que es evidente para la educación de nuestros hijos y para cualquier ámbito de la vida en general, es que cuando ya nada funciona, hay que hacer algo distinto. Si estamos en el punto en el que nada de lo que sabemos y podemos hacer sirve para solucionar el problema que existe en nuestra casa, entonces tenemos que actuar. Los grandes expertos en estrategia de futuro siempre ponen de manifiesto que el primer paso es ser consciente de que tenemos una situación compleja, porque el otro escenario aún peor es tener un problema y no saber que se tiene ese problema. Así que, de momento, si somos conscientes de que estamos viviendo una situación difícil a la que no sabemos dar respuesta, al menos ya hemos dado un paso muy importante. El segundo paso probablemente es el que usted está realizando ahora mismo, es decir, aprender a usar nuevas herramientas o métodos con los que encontrar una nueva solución.

Si con todo el contenido técnico y teórico junto con los ejemplos y actividades prácticas que usted ha ido realizando a lo largo de este libro nada ha cambiado en la dinámica familiar, solo nos quedan dos itinerarios. El primero está centrado en analizar si realmente ha puesto en práctica de manera adecuada todo lo aprendido hasta el momento; revisar y volver a poner en marcha las propuestas desde una nueva perspectiva pudiera esconder la solución. El segundo está enfocado en pedir ayuda. Este tercer y último bloque está dirigido a entender y comprender de manera clara y sencilla cuáles son los organismos y sistemas públicos así como los recursos privados a los que nos podemos dirigir cuando nos encontramos sin salida. En un elevadísimo porcentaje de los casos no hará falta llegar a utilizar ninguno de estos recursos, pero la realidad es que ser conocedor de cuáles son y para qué sirve cada uno de ellos puede ahorrarnos un tiempo crucial en una situación de emergencia.

Por lo tanto, vamos a adentrarnos en las posibilidades de actuación, ya no con el objetivo de prevenir, porque eso ya lo ha aprendido con todo el material previo, esta parte final está diseñada para conocer a dónde debe acudir si la situación en casa requiere apoyo profesional. De esta manera, en este último apartado abordaremos y entenderemos el sistema sanitario, el sistema de protección y, por el último, el sistema de reforma de menores de edad en España. Además, explicaremos qué es una situación de emergencia y propondremos algunas pautas de actuación concisas ante una situación límite. Finalmente, concluiremos con unas breves líneas que tienen únicamente por objetivo el promover que usted reflexione y tome las decisiones que usted quiera tomar.

16.
¿Qué derechos y obligaciones tengo? Sistema público: sanitario, protección y reforma

«No puedo pensar en ninguna necesidad en la infancia tan fuerte como la necesidad de protección de un padre».

SIGMUND FREUD

En España existe un sistema público que vela por las garantías y derechos básicos de todos los ciudadanos. Como padres y madres, estamos obligados a conocer cuáles son los recursos con los que contamos desde el sector público, debemos conocer cuáles son, dónde están, para qué sirven y para qué no sirven. La idea no es llegar a ser un experto en ello, no es necesario, la clave está en saber cuál es la utilidad de cada uno de ellos porque no es lo mismo acudir al sistema de protección que al de reforma, no tiene nada que ver y es fácil confundirlos. Cuando empezamos a detectar cualquier problemática en el desarrollo de nuestro hijo o hija, es fundamental conocer estos recursos para optimizar el tiempo y la calidad de la respuesta, si es que al final fuera necesario solicitar su intervención. Leer y entender estos tres sistemas puede resultar un poco incómodo y delicado, por ello voy a tratar de esbozar una idea general y muy sintética con la que al menos poder obtener una «foto» lo suficientemente clara para saber si debemos dirigirnos a uno de ellos y pedir información más específica.

Antes de continuar con el desarrollo de cada uno, creo que es importante destacar la labor profundamente vocacional que desarrollan los profesionales en cada uno de estos ámbitos. Detrás de cada profesional hay una persona con sus propios temores y fortalezas, que a su vez tiene una familia con sus propias dinámicas, expongo esto porque verdaderamente la labor que desarrollan es fundamental para el conjunto de la sociedad. Es una labor muy invisible, porque afortunadamente solo salen a la luz cuando son necesarios, pero la realidad es que son insustituibles. Todos ellos trabajan por la misma razón de ser y vocación que no es otra sino ayudar al prójimo, a veces se equivocan, a veces aciertan, pero sin duda ponen todo de su parte para desempeñar su función lo mejor que pueden.

El sistema sanitario es la red de centros médicos que están a disposición de los ciudadanos.

Como padre, obviamente debe informarse de cuál es el centro médico que le corresponde a su hijo, así como el pediatra asignado. Usted tiene el deber de garantizar un buen desarrollo de la salud a su hijo, así como la obligación de acudir al pediatra de atención primaria o a los servicios de urgencias siempre que la situación médica de su hijo lo requiera. Pero muchas veces nos podemos olvidar de que este ámbito también abarca el área de la salud mental de su hijo.

El pediatra es el primer agente capaz de diagnosticar, detectar o descartar cualquier dificultad en el ámbito del desarrollo emocional, neuronal o psicológico de su hijo. Por tanto, siempre, debe existir un primer filtro desde el servicio de pediatría. Si se acuerda del capítulo en el que se explicaba la naturaleza de las conductas agresivas o violentas de un hijo dentro de casa, una de las posibilidades o perspectivas explicativas era la patológica. Ahí hacía hincapié en que no hay que confundir que un adolescente presente un trastorno de la personalidad o de la conducta como fundamentación de la agresividad. No es vinculante, es decir, no tiene que desembocar en violencia por sí mismo, pero es una realidad que si una persona presenta dificultades a nivel psicológico o psiquiátrico y no está adecuadamente diagnosticado y tratado, con el paso del tiempo pudiera ser un favorecedor o potenciador de conductas desajustadas. Por eso, uno de los principales pasos a dar cuando somos padres o madres de un adolescente o preadolescente que está presentando conductas que realmente se alejan de la presunta normalidad es poder valorar si a nivel psicológico presenta algún trastorno o dificultad.

Sin embargo, es muy importante, diría que casi vital, afinar bien como padres si nuestro hijo requiere o no atención psicológica o psiquiátrica. A menudo, estamos profundamente alterados en nuestras emociones cuando vemos que un hijo presenta conductas claramente perjudiciales y una de las respuestas que nos damos más rápidamente es la de situar la raíz del problema en un agente externo, como podría ser un trastorno psicológico. Esto es normal porque de alguna manera intentamos darnos una explicación rápida y un tanto sanadora de posibles remordimientos y responsabilidades, pero la realidad es que resulta tan perjudicial que un hijo presente dificultades psicológicas sin ser analizadas como que no las presente y esté siendo tratado como si las tuviese.

Ante esta situación tan compleja e importante, la solución suele ser siempre la misma, pida cita en el pediatra y con toda la confianza y derecho del mundo transmítale sus impresiones, su médico sabrá ajustar las necesidades de su hijo o hija.

El sistema de protección es un conjunto de recursos que difícilmente se puede sintetizar debido a su amplio abanico, pero que en resumen podemos decir que se inicia en los servicios sociales de zona y que vela por la protección del niño o niña que no ha alcanzado la mayoría de edad.

Al igual que con el pediatra, todo ciudadano tiene asignado un centro de servicios sociales donde los distintos agentes (trabajadores sociales, educadores, psicólogos…) tienen el deber de apoyarle y orientarle ante cualquier dificultad a nivel social que pueda usted detectar en su familia. El itinerario es extenso, por lo que me centraré en el último escalón de la cadena para tener bien presente cuál es el destino final de este itinerario.

Al final del todo, los organismos competentes avalados por las decisiones jurídicas oportunas pueden ofrecer a los padres una medida de protección de guarda o de tutela. La primera, la de guarda, es una especie de contrato donde el hijo, los padres y los organismos correspondientes acuerdan que el hijo pase a convivir en un recurso residencial con el espíritu de que las dificultades existentes dentro de la dinámica familiar puedan ser resueltas desde un nuevo contexto y con el apoyo de profesionales. Todo ello con el fin de la reanudación de la convivencia cuando así se estime oportuno. La segunda de las actuaciones es la medida de tutela, adoptada por parte de dichos organismos cuando se estima que el padre, madre o ambos no pueden o no deben continuar realizando sus labores y siempre atendiendo al interés superior del menor.

¿Qué quiere decir todo esto?

Que el sistema de protección está preparado para proteger a aquellos menores de edad que están en situación de dificultad o de desamparo y que, además, también está diseñado para ayudar a aquellas familias que necesitan de alguna manera apoyo, permaneciendo el hijo fuera de casa de manera temporal o por el contrario trabajando con la familia al completo sin que haya ruptura en la convivencia.

Cuando se expone este breve resumen, es prácticamente imposible ajustar la información a una familia en concreto sin disponer de un profundo análisis de la dinámica familiar. Por ello, es importante que usted sepa que este servicio existe y que puede hacer uso de él, pero no es conveniente que lo traslade directamente a su propio ejemplo, ni siquiera que saque conclusiones de la experiencia de alguna persona cercana a usted, porque verdaderamente las decisiones que se adoptan en este sistema son valoradas profundamente de manera individual. Si tiene dudas, solicite cita con su centro de servicios sociales, ellos sabrán ajustar la información adecuadamente a su situación.

El sistema de reforma. He dedicado quince años de mi vida profesional a este ámbito que es profundamente duro de tratar y que al mismo tiempo es apasionante y altamente gratificante. Dado que es el más complejo de asimilar desde el punto de vista de la familia, seré breve y conciso en la descripción.

El sistema de reforma es el último de los pasos a los que se debiera llegar. Es el sistema que rige y ejecuta las medidas judiciales. Medidas amparadas bajo la Ley Orgánica 5/2000 Reguladora de la Responsabilidad Penal del Menor. Ley que regula las conductas delictivas de cualquier menor en España cuya edad esté comprendida entre los catorce y los dieciocho años de edad en el momento de la comisión de un acto delictivo. El espíritu de esta ley es de reeducación y de reinserción, por lo tanto, no es una ley con espíritu meramente punitivo, pero al tratarse de una ley del ámbito penal no deja de lado el aspecto del reproche sancionador.

Por medio de esta ley, cuando existe una denuncia, su posterior proceso de instrucción y la conclusión con la sentencia correspondiente, se pueden aplicar medidas judiciales en medio abierto o en centro cerrado o privativo de libertad. A este ámbito se llega cuando un hijo está incurriendo en actos delictivos.

Como padres debemos conocer la existencia de estos tres sistemas y la manera de solicitar ayuda y asesoramiento en cualquiera de ellos según el nivel de gravedad que podamos detectar. Como se puede observar, lo normal es que nunca lleguemos a hacer uso de ninguno de ellos, salvo del sistema sanitario en sus necesidades generales, pero la realidad es que ser conocedor de cada uno de ellos siempre aporta una perspectiva más enriquecedora, lo que se traduce en que finalmente podamos tomar decisiones lo más ajustadas posible a cada situación.

17.
¿Es esta una situación de emergencia? Claves para una respuesta inmediata

«Actuar es fácil, pensar es difícil; actuar según se piensa es aún más difícil».

GOETHE

Desde el inicio del primer capítulo hemos podido ir recorriendo conceptos y teoría general que tiene como fin mantener un correcto ejercicio de prevención de conductas desajustadas en nuestros hijos. A continuación hemos podido reflexionar sobre situaciones concretas que pueden darse a diario en cada casa gracias a la línea filosófica o espíritu educativo que suelo plantear. Ahora, tras entender de manera general los tres sistemas públicos con los que contamos, es el momento de abordar la actuación cuando tenemos un problema en casa que ya está siendo realmente importante. La única verdad en este sentido es que cada caso debe ser atendido de manera individualizada y requiere un estudio pormenorizado, porque no se trata de una ciencia exacta en la que dos más dos siempre son cuatro; una de las grandes dificultades de la educación e intervención social es que a menudo las mismas fórmulas no obtienen resultados similares. Esta es una de las grandes dificultades, pero al mismo tiempo uno de los grandes tesoros, porque cada ser humano y cada adolescente es único, aunque todos lleven el mismo peinado.

Para ello el primer paso es saber diferenciar qué es una situación de emergencia. Cuando vaya leyendo la teoría que expongo, puede que resulte fácil de entender, pero los años de experiencia me han demostrado que aquí lo realmente difícil es la práctica, es actuar debidamente cuando nos vemos en acción y en medio de un problema específico, que a veces tiene peculiaridades complejas o que no son tan complejas, pero que como nosotros estamos vinculados emocionalmente se transforman en escenarios muy delicados. Es en esos momentos cuando tener la teoría y los conceptos claros puede ser determinante a la hora de ayudarnos a tomar las mejores decisiones porque cuando se da una situación de alto riesgo en nuestro entorno, es muy difícil diferenciar cuándo se trata de una situación de emergencia y cuándo no. Por ello, con que usted tenga clara la siguiente definición o idea ya habríamos dado un paso absolutamente fundamental para el futuro de su hijo.

Una situación de emergencia es aquella en la que la salud física o mental de una persona está en evidente peligro. Todo lo demás no son situaciones de emergencia.

El grave problema radica en confundir ambas circunstancias. ¿Recuerda las diferencias entre violencia y agresividad o las diferencias entre responsabilidad y culpabilidad tratadas en anteriores capítulos? Se acordará que ya definíamos que la línea que separaba estos conceptos y en la que radicaba la diferencia en numerosas ocasiones era una línea muy fina. Bien, aquí sucede una circunstancia similar, y es que la diferencia entre una situación de emergencia y otra que no lo es a menudo es muy difícil de dirimir, más aún cuando nosotros como padres y responsables del bienestar de nuestros hijos nos encontramos en altos niveles de estrés o ansiedad.

Si nos encontramos en una situación de emergencia y no actuamos con inmediatez, podríamos estar cometiendo una negligencia para con nuestro hijo o hija y para con nosotros mismos. Si estamos ante una situación complicada, pero que no pone en peligro la salud física ni mental de nadie y actuamos como si fuera una situación de emergencia, estaremos trastornando la dinámica familiar. Puede resultar un tanto extremo las valoraciones que expongo, pero, como siempre, un ejemplo puede ayudarnos a reflexionar:

Daniela ve que su hijo Miguel está llegando muy tarde a casa y que cuando aparece presenta claros síntomas de haber consumido alcohol. Ante la falta de atención de su hijo a sus indicaciones, Daniela decide presentar una denuncia en la Policía Nacional.

Elías es el padre de Walter. Un día ve cómo su hijo está escondido en una esquina intimidando a un chico más pequeño que él y quitándole el dinero y el teléfono del bolsillo. Elías no sabe qué hacer y decide llevarle al pediatra para ver si su hijo tiene algún problema psicológico.

Ambos ejemplos podrían parecer un poco exagerados, pero, como siempre, cambiando los nombres, son ejemplos reales. A estas alturas ya claramente podemos analizar que, dejando a un lado las circunstancias previas que desconocemos, se han confundido los conceptos de situación de emergencia y se ha solicitado ayuda en los recursos equivocados.

No confundir los recursos o sistemas a los que debemos solicitar ayuda es fundamental, tanto o más como saber si debemos o no pedir esa ayuda. Es decir, en el primer ejemplo, y siempre teniendo en cuenta que desconocemos todas las circunstancias que rodean a Daniela y a su hijo Miguel, parece evidente que no se trata de una situación que requiere una respuesta judicial. Igualmente, y desconociendo la realidad de Walter, acudir al pediatra será una buena elección como ya vimos en anteriores capítulos, pero no parece que sea el primer paso a dar en esta situación concreta; el apartado dedicado a la «caja de herramientas» en el que se trataban las consecuencias y castigos debería ser bien revisado y, precisamente en este ejemplo, debe ponerse de manifiesto un concepto evidente pero de obligado recordatorio. Es intolerable que un hijo vulnere los derechos fundamentales de otra persona. Si un hijo nuestro está ejerciendo violencia sobre otra persona, es nuestra responsabilidad actuar a la mayor brevedad posible y con firmeza.

Con el único fin de disponer de una guía rápida de actuación, siempre propongo estos tres escenarios que resultan claros y concretos a la hora de tomar decisiones de cómo actuar.

Primero: Si la salud física o mental de su hijo está en peligro, debe llamar a lo servicios de urgencias médicas en el acto. Cada segundo cuenta. *Servicios sanitarios.*

Segundo: Si su hijo está sufriendo una dinámica familiar negativa en la que sus derechos fundamentales están viéndose mermados, bajo la responsabilidad de los padres o de terceras personas o por la propia responsabilidad de nuestro hijo, debe acudir lo antes posible a los servicios sociales de zona o a recursos de ámbito privado y de similar naturaleza. *Sistema de protección y recursos privados.*

Tercero: Si su hijo está manteniendo actos violentos o delictivos, debe sopesar cuál de los dos supuestos anteriores se ajusta mejor a la situación, y si ninguno puede dar una respuesta ajustada a la problemática concreta, debe solicitar ayuda a los agentes policiales y judiciales. Ellos sabrán dar la respuesta adecuada si es necesaria. *Sistema de reforma.*

Una situación de emergencia no puede esperar a mañana. Usted, como padre o madre, tiene el deber y la responsabilidad de actuar inmediatamente ante una situación de emergencia. Si la situación puede esperar a mañana, quiere decir que no es una emergencia, entonces habrá que sopesar bien las decisiones a tomar. En el siguiente capítulo vamos a abordar esta cuestión.

18.
Y ahora, ¿qué hago?
Reflexionar y actuar

«El sueño del héroe es ser grande en todas partes y pequeño al lado de su padre».

VÍCTOR HUGO

Si ha llegado hasta esta parte, sin ninguna duda usted ya ha hecho un gran trabajo por su hijo o hija y por su dinámica familiar. Ya ha incorporado una buena cantidad de teoría, conceptos y ha puesto en práctica diversas técnicas, así que estoy seguro de que lo primero que debe hacer es darse la enhorabuena y dejar que toda esta información repose y se asiente. Ahora es cuando precisamente lo que usted necesita es tiempo, porque justamente ahora es cuando no se deben tomar decisiones precipitadas. Empieza a ser el momento de la verdad, y para actuar con precisión es necesario disponer de tiempo para discutir con usted mismo las decisiones que ya ha tomado antes de ponerlas en práctica. El tiempo nos ayuda a ir encajando los nuevos conceptos y aprendizajes para tomar decisiones desde una buena perspectiva.

Seguidamente, le propongo que lleve a cabo estos breves pasos.

1. Si hay cosas que cree que no ha entendido bien, vuelva a leer todo el contenido con detenimiento. Una segunda lectura siempre es beneficiosa y reveladora porque usted se acerca a ella desde otro punto de vista, no existe la necesidad voraz de obtener respuestas o descubrir secretos. En una segunda lectura todo encaja de manera mucho más evidente. Nadie lee el mismo libro dos veces.

2. Comprométase a realizar las actividades propuestas. A lo mejor le da pereza, o le parecen buenas ideas, pero no para su situación, sin embargo, yo le animo a que se ponga a ello, porque nada tiene que ver entender la teoría con la complejidad de trasladarla a la práctica. Es cuando practicamos, cuando entendemos la realidad de nuestra situación y cuando mejoramos.

3. Dedíquese un buen tiempo de reflexión para analizar los progresos y los retrocesos que han promovido las actividades. Las dinámicas generales no cambian en una semana.

4. Si finalmente usted cree que necesita apoyo profesional, he elaborado unos pasos específicos que le orientarán sobre cómo y a quién debe pedir ayuda. Son pasos muy fáciles de seguir, aunque alguno pueda ser un tanto doloroso por la dificultad de exposición emocional que pueda suponer, pero si se compromete a seguirlos, la realidad es que contará con una gran garantía de éxito a la hora de escoger a qué profesional o profesionales pedir ayuda. ¿Jugó alguna vez

con sus hijos a una «búsqueda del tesoro»? Los pasos que planteo son algo parecido, hasta que no hemos averiguado o solucionado la pista número uno, no debemos pasar a la pista o paso número dos.

Paso primero: Analice el problema de violencia en casa. Como ya sabemos, en una situación de este tipo es muy complicado pensar con claridad, pero es fundamental conocer en qué nivel de gravedad se encuentra su familia. Para ello, será fundamental que ponga en práctica actividades y estrategias que ya ha aprendido con las que poder identificar e interpretar elementos clave tales como diferenciar los tipos de violencia: verbal, física o psicológica; apuntar y especificar las expresiones que su hijo ha usado e identificar las intensidades. Seguramente será difícil y doloroso, pero este pequeño ejercicio tendrá efectos muy positivos. Por un lado, podrá ordenar en el tiempo las conductas y analizar si la violencia va en aumento, por otro lado, visualizará desde cuándo se dan, estará actuando desde el inicio y, por último, será una fuente de información privilegiada para el profesional en el futuro. Por último y no menos importante, podrá analizar sus respuestas ante cada situación, también llevando un registro de las mismas.

Paso segundo: Solicite información y asesoramiento en el colegio del hijo. Nuestros hijos pasan una media de treinta horas semanales en el centro de estudios. Es evidente que el claustro de profesores, y su tutor en particular, conoce una buena parte de la personalidad de su hijo. Además, le conoce dentro de un grupo, le conoce en su rendimiento académico y le conoce respetando o no la normativa del centro escolar, pero la mayor riqueza se esconde en que si ponemos en conocimiento del personal docente nuestra preocupación y explicamos las conductas de nuestro hijo en casa, ellos van a prestar mayor atención aún y lo harán desde un plano neutro, objetivo y profesional. Prestar atención a las valoraciones del personal educativo y mantener un alto nivel de coordinación con ellos será una privilegiada fuente de información, para el futuro y para el presente.

Paso tercero: Valore la situación con el pediatra. Si su hijo está enfermo, lo normal es acudir al pediatra. Si su hijo comienza a mantener conductas violentas dentro de casa, uno de los primeros profesionales a los que se debe informar también es al pediatra. ¿Para qué? Para que pueda descartar posibles patologías que nosotros no estamos capacitados a distinguir. El pediatra será de los primeros profesionales en detectar si su hijo necesita ser derivado los servicios de salud mental. Este trámite, el de obtener una valoración psicológica o psiquiátrica, podrá ser clave para acertar con un tratamiento para su hijo. Además, tiene el mismo valor y utilidad poder descartar cualquier dificultad en este ámbito de cara al futuro.

Paso cuarto: Acuda a servicios sociales con los informes. Servicios sociales es un recurso público y, por lo tanto, como padres tenemos derecho a acceder a un volumen de información, asesoramiento y prestaciones que normalmente desconocemos. Los profesionales de servicios sociales son conocedores de toda la red de recursos disponibles en su área de residencia, tanto de carácter privado como público. Aportar toda la documentación compilada en los pasos anteriores facilitará enormemente los trámites. Obtener asesoramiento y orientación a posibles herramientas es un derecho que usted tiene por el mero hecho de estar empadronado en una localidad, municipio o distrito concreto.

Paso quinto: Explore en todos sus contactos. Este paso siempre es delicado. A ningún padre le gusta ir aireando los problemas en casa, y mucho menos si el problema se centra en las conductas violentas de su hijo. Normalmente, nos olvidamos de que nosotros mismos disfrutamos de una amplia red de contactos y lo común es que utilicemos a familiares, amigos o compañeros de trabajo como forma de desahogo. Un cambio de actitud en este sentido puede transformar esos momentos de evasión en momentos productivos. En vez de normalizar la queja, si explora posibilidades en sus contactos compartiendo con ellos su situación, podrá sorprenderse de las respuestas que estos le pueden ofrecer y los profesionales con fiabilidad que pueden conocer.

Paso sexto: Inicie un proceso de profundo análisis de las valoraciones recibidas. Una vez que ha llevado a cabo un registro de la evolución de las conductas de su hijo en casa y tras haber observado cuáles son sus propias respuestas como padres, una vez informado y escuchado al centro de estudios, al pediatra o médico, a los servicios sociales y a su red de contactos, es el momento de parar y analizar bien el amplio volumen de información que ha obtenido. Es hora de reflexionar y analizar las distintas vías de actuación que dispone, este paso será importantísimo a la hora de diseñar, como padres, el itinerario y estrategia a seguir. Este paso requiere pausa para reflexionar, ordenar y analizar toda la información recabada.

Paso séptimo: Elija al menos dos–tres profesionales inicialmente. Tras el análisis, la pausa y la reflexión, es el momento de tomar decisiones, le oriento a que se decida por al menos dos de todo el conjunto de recursos y profesionales fiables. Aquí entran en juego multitud de factores a tener en cuenta, todos fundamentales, pero con distinto peso específico.

- Tipo de intervención: psicológica, sistémica, integral, *coaching,* psiquiátrica, psicoanalítica, narrativa reflexiva, *mindfulness,* conductista, etc.
- Economía: Tener claro un presupuesto que podamos afrontar si es que va a conllevar algún gasto.
- Localización.
- Periodicidad.
- Carácter de la intervención: presencial, *on-line,* telefónica…
- Valoraciones y referencias fiables.

No es lo mismo tener que desplazarnos 50 kilómetros dos veces por semana por ciento veinte euros cada sesión con un psicoanalista que tener una sesión telefónica una vez al mes de veinte minutos gratuita. Por supuesto que ambos son ejemplos un poco extremos, pero la intención de dichos ejemplos es evidenciar que la decisión es muy importante ya que hay varios factores en juego.

Paso octavo: Acuda con su hijo a la primera sesión. Tiene un problema en casa. Esto quiere decir que el problema no es su hijo exclusivamente, sino que todos los miembros como unidad familiar tienen un problema que quieren resolver. Asumido este concepto, lo ideal es que su hijo acuda a la primera sesión acompañado de todos los miembros de la unidad familiar. El segundo requisito innegociable es que debe haber *feeling*. Por muy buenas referencias que le hayan dado de un profesional, si en la primera entrevista no hay buen *feeling* con el profesional o profesionales o si su hijo no «conecta» con el profesional, debe sondear una segunda o tercera opción. Fíjese que normalmente no se trata de un par de sesiones para que el problema se resuelva, sino que tiende a ser un proceso largo; si su hijo no conecta con el profesional, lo normal es que pronto abandone y no quiera volver. Un profesional que consiga ser un referente para su hijo en la primera sesión es garantía de continuidad.

Paso noveno: Comprométase con el profesional elegido y confíe en él. Si ha sido capaz de acometer todos y cada uno de los ocho anteriores pasos de forma coherente, no es una mala idea comprometerse con usted mismo y con el profesional o conjunto de profesionales que ha elegido. Un problema importante como es la violencia de un hijo no se soluciona sin cambios fundamentales en la dinámica familiar, habrá etapas en las que sienta debilidad y quiera abandonar, será entonces cuando la confianza en el profesional que ha elegido en un proceso metódico fundamente la clave del éxito.

Cuando llevo a cabo intervenciones con familias durante cierto tiempo o cuando llegados a un punto encontramos dificultades tanto los familiares como yo como profesional, cuando parece que todas las actividades realizadas y todo el tiempo invertido no da los frutos deseados, a menudo me gusta parar un momento para respirar y para que la familia pueda ver con perspectiva que todo el tiempo invertido ya ha merecido la pena, porque le estamos demostrando a nuestro hijo que no le abandonamos. Recordará usted que ya decía que era una de las premisas fundamentales, pero, claro, en numerosas ocasiones nos sentimos frustrados porque no alcanzamos los objetivos que nos propusimos o al menos en el tiempo que pensábamos que los íbamos a lograr. En esos momentos tan difíciles, me ha resultado de gran utilidad tomar perspectiva y que tanto profesionales como padres puedan recordar varias líneas de pensamiento muy básicas, pero que pueden ser muy reveladoras. Espero que después de todo lo que ha aprendido y reflexionado las siguientes líneas le ayuden a tomar perspectiva y a entenderse un poquito más a usted mismo y a su hijo adolescente.

No nacemos con un manual debajo del brazo.

No sabemos cómo va a ser nuestro hijo o hija.

Desconocemos cómo vamos a ser como padre o madre.

No sabemos cuándo se va a independizar de casa.

Ya no nos acordamos de nuestra adolescencia.

Todos erramos, todos nos equivocamos, todos queremos ser los mejores.

Y no, no existe el padre o la madre perfecto.

BLOQUE V.
Final

«El amor ahuyenta el miedo y, recíprocamente, el miedo ahuyenta al amor. Y no solo al amor el miedo expulsa; también a la inteligencia, la bondad, todo pensamiento de belleza y verdad, y solo queda la desesperación muda; y al final, el miedo llega a expulsar del hombre la humanidad misma».

ALDOUS HUXLEY

El final es simplemente el principio de todo. No habido recetas mágicas ni secretos desvelados, ni siquiera píldoras sanadoras que nos aporten luz en mitad de la oscuridad; la verdadera clave de todo está dentro de su corazón, el suyo, como padre o madre.

Para su hijo o hija adolescente no hay nada más importante que el corazón de su padre y de su madre estén en sintonía con su propio corazón. Esto es lo más importante de absolutamente todo este libro, por eso es imposible recetar fórmulas exactas, porque solamente usted está capacitado para observar y entender la profundidad del corazón de su hijo o hija adolescente. Nadie mejor que usted.

Al final, todo se trata de iniciar una nueva relación con su hijo o, más bien, de recuperar aquella relación que empezó a construirse desde el mismo momento en que tomó la decisión de ser padre o madre. Después de todo lo expuesto en los capítulos de este libro, le animo a que deje a un lado esos problemas visibles que presenta su hijo adolescente y que verdaderamente mire en la profundidad de su corazón, en el de su hijo y en el de usted mismo. Si descubre el verdadero y genuino deseo de permanecer junto a él, a su lado, él recibirá ese amor y probablemente el tiempo haga el resto del trabajo.

La única enseñanza que me atrevo a dictarle es que no le abandone.

19.
Test. *Analice su situación en casa*

«Procuremos ser más padres de nuestro porvenir que hijos de nuestro pasado».

MIGUEL DE UNAMUNO

Si alcanzada esta página he conseguido que usted haya reflexionado sobre su familia, que haya contraargumentado su filosofía de educación y que haya descubierto al menos una herramienta con la que no contaba, me siento más que satisfecho. La familia es, quizás, la más importante de sus empresas, si me permite la metáfora, por ello le planteo que realice una pequeña auditoría interna. No hay nada mejor que echarle un vistazo a las cuentas y la dinámica de los trabajadores de la empresa. Le propongo que realice este pequeño test, en el que de manera ágil y rápida podrá obtener una pequeña foto del momento actual de su empresa. Las respuestas son solo para usted, ajústese a la realidad.

1. ¿Tiene que despertar usted por las mañanas a su hijo/a para sus actividades diarias?
   a. Sí
   b. No
   c. Alguna vez

2. ¿Come o cena su hijo/a en familia?
   a. Nunca
   b. Sí
   c. Alguna vez

3. ¿Realiza usted actividades lúdicas o de ocio con su hijo/a?
   a. No
   b. Sí
   c. Alguna vez

4. ¿Hace su hijo/a uso de las pantallas de forma abusiva?
   (Pantallas: móvil, tableta, televisión, wifi, videojuegos…)
   a. Sí
   b. No
   c. Alguna vez

5. ¿Incumple su hijo/a las normas o pautas que plantea?
   a. Sí
   b. No
   c. Alguna vez

6. ¿Le ha robado dinero u otras cosas?

   a. Sí

   b. No

   c. Alguna vez

7. ¿Destroza o rompe su hijo/a las cosas de casa?

   a. Sí

   b. No

   c. Alguna vez

8. ¿Cree usted que su hijo/a ejerce violencia psicológica en el domicilio?

   a. Sí

   b. No

   c. No estoy seguro

9. ¿Su hijo/a le ha insultado?

   a. Sí

   b. No

   c. Alguna vez

10. ¿Su hijo/a le ha agredido físicamente?

   a. Sí

   b. No

   c. Alguna vez

Resultados

Con el máximo de los respetos y siendo muy consciente de que es imposible emitir veredictos con este pequeño y simple test, porque cada familia es un mundo, me atrevo a realizar las siguientes orientaciones sobre los resultados que usted haya podido obtener.

Si usted tiene predominio de «b»: Enhorabuena, parece que tiene una sana dinámica familiar.

Si usted tiene predominio de «c»: Está usted en una zona de confort, lidiando con conflictos cotidianos, trabaje sobre los aspectos que quedan reflejados y continúe reforzando los logros. Todo ello, siempre y cuando, no obtenga este resultado en las cuatro últimas preguntas.

Si usted tiene predominio de «a»: Es necesario que se dedique un tiempo para analizar y tomar decisiones. Quizás, usted y su hijo tienen bien analizado que esa «a» que sale reflejada fue un hecho aislado. Evidentemente, los hechos aislados solemos entenderlos simplemente como esas «excepciones que confirman la regla». No obstante, el ejercicio de reflexión siempre merece la pena. Si hay predominio de «a», podría indicar que usted y su familia necesitan ayuda de algún tipo.

Conclusiones

«Ni una inteligencia sublime ni una gran imaginación ni las dos cosas juntas forman el genio; amor, eso es el alma del genio».

WOLFGANG AMADEUS MOZART

Las conclusiones son exclusiva y privadamente suyas. Dos personas leen un mismo libro y pueden tener conclusiones y reflexiones profundamente encontradas. No me atrevo a realizar un resumen de cuáles deberían ser las suyas. Sin embargo, sí quiero compartir con usted las mías, las que he sacado yo después de años de ver a adolescentes con sufrimiento en sus casas y de acompañar a padres modificando sus actitudes y perspectivas. Quiero compartir también con usted, por supuesto, las conclusiones a las que he llegado yo una vez he escrito este libro. Pero recuerde, las conclusiones válidas son las suyas. Las mías son las que siguen.

Ser padre o madre, en principio, es una decisión voluntaria. Sin embargo, día a día desde la llegada de nuestro hijo o hija a este mundo, es un reto constante. Hay varias opciones sobre qué perspectiva adoptar, podemos optar por desentendernos de nuestras responsabilidades o, por el contrario, podemos intentar desempeñar nuestro papel de padre y madre lo mejor que podamos. Este pequeño libro ha sido elaborado con el único fin de apoyarle en el transcurso de esas responsabilidades. Me he dado cuenta de que el mero hecho de que usted haya llegado hasta aquí ya precisa un merecido reconocimiento. La tarea de la paternidad y maternidad es, quizás, la más compleja labor que usted vaya a poder realizar durante toda su vida y nunca parece que se ha llegado a terminar. Usted podrá ser aún un maravilloso padre o madre cuando alcance los cien años.

Espero y deseo que con esta lectura haya podido reflexionar sobre el modelo de padre o madre que es usted, de eso se trataba. Desde la primera palabra de este libro mi primera pretensión ha sido mostrar todo un desarrollo de la que ha sido y es mi labor atendiendo y acompañando familias resolviendo conflictos con sus hijos y mejorando tanto las vías de comunicación como la convivencia en casa. Si gracias a este viaje que usted ha realizado ha podido debatir consigo mismo sobre cuestiones que no se había planteado anteriormente o profundizado en tantas otras que ya había pensado, si ha enseñado algún párrafo de algún capítulo a su pareja pretendiendo así explicar lo que siente, si se ha reído con algún ejemplo viéndose claramente reflejado o si simplemente lo ha leído con atención y actitud de crítica constructiva, yo me siento el hombre más agradecido del mundo porque entonces todo el esfuerzo, el suyo y el mío, habrá tenido sentido.

Uno de los mayores genios que nuestra humanidad ha podido disfrutar ha sido el de Wolfgang Amadeus Mozart, nada mejor que terminar este viaje haciendo alusión y homenaje a este hombre. Modifico sus palabras y las hago mías:

«Ni tiempo de calidad ni unas normas cuasi perfectas ni las dos cosas juntas forman la familia. Amor, eso es el alma de la familia».

Cuando un hijo o hija decide pasar un periodo de vacaciones de verano con sus padres disfrutando de su compañía.

Cuando un hijo o hija pide consejo y guía a sus padres en el momento de convertirse él o ella en padre o madre.

Cuando un hijo o hija necesita de la sabiduría y experiencia de su padre o madre para esa nueva oportunidad laboral.

Cuando se disfruta del silencio en su compañía.

Cuando una simple mirada de un hijo o hija desnuda las emociones de sus padres.

Cuando un padre y un hijo se miran a los ojos.

Su opinión es importante.
En futuras ediciones, estaremos encantados
de recoger sus comentarios sobre este libro.

Por favor, háganoslos llegar a través de nuestra web:

www.plataformaeditorial.com

Para adquirir nuestros títulos,
consulte con su librero habitual.

«En medio de la plenitud del aire
y la fertilidad del cielo, parecía que la única tarea
de los hombres era vivir y ser felices.»*
ALBERT CAMUS

«*I cannot live without books.*»
«No puedo vivir sin libros.»
THOMAS JEFFERSON

Desde 2013, Plataforma Editorial planta un árbol
por cada título publicado.

* Frase extraída de *Breviario de la dignidad humana* (Plataforma Editorial, 2013).

Convivir con
un adolescente
es fácil...
¡Si sabes cómo!

Eli Soler

Plataforma
Actual

Las claves para disfrutar
de la adolescencia de tus hijos

La autora explica en un tono amable y realista
qué podemos hacer como padres de adolescentes en
relación con los temas que más preocupan: los estudios,
las amistades, la sexualidad, Internet, entre muchos otros.